中国道路发展新理念系列丛书

乡村振兴

中国式现代化·协调发展之路

人民论坛 编

中国科学技术出版社
·北 京·

图书在版编目（CIP）数据

乡村振兴：中国式现代化·协调发展之路 / 人民论坛编. — 北京：中国科学技术出版社，2023.1
（中国道路发展新理念系列丛书）
ISBN 978-7-5046-9869-8

Ⅰ.①乡… Ⅱ.①人… Ⅲ.①农村—社会主义建设—中国—文集 Ⅳ.① F320.3-53

中国版本图书馆 CIP 数据核字（2022）第 205896 号

总　策　划				
秦德继				
周少敏				
策划编辑	申永刚　杜凡如　方　理	责任编辑	杜凡如
封面设计	仙境设计	版式设计	蚂蚁设计
责任校对	邓雪梅	责任印制	李晓霖

出　　版	中国科学技术出版社
发　　行	中国科学技术出版社有限公司发行部
地　　址	北京市海淀区中关村南大街 16 号
邮　　编	100081
发行电话	010-62173865
传　　真	010-62173081
网　　址	http://www.cspbooks.com.cn
开　　本	710mm×1000mm　1/16
字　　数	213 千字
印　　张	18
版　　次	2023 年 1 月第 1 版
印　　次	2023 年 1 月第 1 次印刷
印　　刷	北京盛通印刷股份有限公司
书　　号	ISBN 978-7-5046-9869-8/F·1076
定　　价	89.00 元

（凡购买本社图书，如有缺页、倒页、脱页者，本社发行部负责调换）

本书编纂组

编纂组成员：

彭国华　杨　轲　魏爱云　王　慧　韩冰曦
马冰莹　周素丽　董惠敏　潘丽莉　常　妍
张　晓　魏　飞　肖晗题　罗　婷　李　懿
李丹妮　张　贝　程静静　陈璐颖　银冰瑶
韩　拓　贾　娜　谷　漩　邓楚韵　周小梨
赵橙涔　谢　帅　李一丹　于洪清　郑涵予
靳　佳　孙　垚　孙　渴　马宁远

鸣谢专家：（以姓氏笔画为序）

王艺明　王晓毅　左　停　司林波　朱启臻
刘合光　刘　垚　李　文　李建军　李道亮
张友国　张国有　陈东琼　郑有贵　贺雪峰
都　阳　徐旭初　高　帆　高洪波　席月民
唐丽霞　崔宁波　韩　青　谭淑豪　熊易寒

丛书序

人民论坛编纂组

习近平总书记在党的二十大报告中指出:"改革开放和社会主义现代化建设深入推进,书写了经济快速发展和社会长期稳定两大奇迹新篇章,我国发展具备了更为坚实的物质基础、更为完善的制度保证,实现中华民族伟大复兴进入了不可逆转的历史进程。"伟大复兴历史进程何以不可逆转?中国特色社会主义道路何以越走越宽广?以中国式现代化全面推进中华民族伟大复兴的信心何以愈加坚定?除中国共产党的坚强领导、人民群众的力量源泉、深厚的文化底蕴等重要因素以外,对我国经济社会发展的理论逻辑、历史逻辑、现实逻辑的深刻认识和准确把握以及将科学的发展理念贯彻落实到经济社会发展可知可感的各个领域,也为实现中华民族伟大复兴提供更具体、更细致、更深入、更扎实的支撑。中国道路发展新理念系列丛书从科技创新、中国智造、数碳经济、乡村振兴四个方面切入,对创新发展、高质量发展、绿色发展、协调发展进行了系统研究与阐释。

推进科技创新,走好创新发展之路。党的二十大报告强调要"坚持创新在我国现代化建设全局中的核心地位"。抓创新就是抓发展,谋创新就是谋未来。不创新就要落后,创新慢了也要落后。从历史维度看,创新是大国迈向强国的"压舱石"。经过改革开放四十余年的持续投入和积累,我国已成为仅次于美国的世界第二大研发经费投入国。但中国科技创新水平与世界科技先进水平相比有所不足,与国际竞争及建成社会主义现代化强国的要求相比,仍存在一定的差距。基于创新的高水平自立自强是畅通国内大循环、确保中国在国际大循环优势地位的

"动力源"，我国经济社会发展和民生改善比过去任何时候都更加需要科技解决方案，都更加需要增强创新这个"第一动力"。科技创新成为推进我国国家治理体系与治理能力现代化的原动力，成为在综合国力竞争中赢得主动的决定性因素，也为中华民族伟大复兴、中国梦的早日实现提供新助力。

推进中国智造，走好高质量发展之路。高质量发展是全面建设社会主义现代化国家的首要任务。推动经济高质量发展，重点在于推动产业结构转型升级，其中推动制造业转型升级是重中之重。改革开放四十余年来，中国制造业在总量和增速方面已然领跑全球，奠定了高质量发展的雄厚基础，但制造业的质量与发达国家相比尚有不足，尤其是发达国家的数字化进程与制造业转型的叠加优势不可小觑。制造业智能化是新一轮产业变革的核心内容，是我国制造业转型升级的主攻方向，也是建设制造强国的必由之路。从总体上看，我国智能制造发展正从初期的理念普及、试点示范阶段，迈向深入实施、全面推广阶段。制造业智能化带来了全新的制造生产方式、全新的生产组织方式、全新的技术基础和商业模式，这需要我国制造业在变革组织结构、突破物理边界以及对资本与劳动要素进行新的组合、构思和生产新的产品等方面破局制胜。

推进数碳经济，走好绿色发展之路。绿色发展是以效率、和谐、持续为目标的经济增长和社会发展方式。自工业革命以来，大国崛起的代价是经济迅猛发展必然带来的环境污染。继创造举世瞩目的经济增长奇迹后，新时代的中国作出了新的选择，即始终坚持将生态文明建设作为"国之大者"，以碳达峰、碳中和目标压力倒逼经济和能源结构调整，更在巩固农业经济初级整合式生产、工业经济精细化复杂批量生产技术和成果的基础上，向智能化、智慧化的数字经济进军。据工信部最新统计，我国数字经济规模超 450000 亿元，稳居世界第二，年均复合增长率达 13.6%。在实现"十四五"时期发展目标和 2035 年远景目标的征程中，数字经济将会进一步渗透到国民经济的各个领域之中，推动产业数字化转型，提高全要素生产率，并在碳达峰、碳中和政策指引下与绿色经济协同融合发展，成为新时代经济社会发展新动能。

推进乡村振兴，走好协调发展之路。习近平总书记强调："全面建设社会主义现代化国家，最艰巨最繁重的任务仍然在农村。"农业强不强、农村美不美、农民富不富，决定着社会主义现代化的质量。共同富裕是社会主义的本质要求，协调发展的价值取向契合全体人民共同富裕的本质要求，是促进区域、城乡共同富裕的必由之路。改革开放以来，中国实现了"国富"和"部分先富"；党的十八大以来，以习近平同志为核心的党中央致力于实现"共富"。脱贫攻坚解决了绝对贫困问题，乡村振兴正在逐步解决相对贫困问题。"十四五"时期，我国"三农"工作进入全面推进乡村振兴、加快农业农村现代化的新发展阶段。在巩固拓展脱贫攻坚成果的基础上全面推进乡村振兴，正是为了不断增强发展的协调性、均衡性，在一个拥有14亿多人口的最大发展中国家实现共同富裕。

沿着中国式现代化道路，我们用几十年时间，走完了发达国家几百年走过的发展历程，已经拥有开启新征程、实现新的更高目标的雄厚物质基础，但面临的内外部风险也空前上升，需要在总结过去、把握现状基础上增强对强国时代未来发展的前瞻和规划。本系列丛书集结了100多位权威专家的重磅文章以及国家社会科学基金、国家杰出青年科学基金等重大项目课题成果，从战略、政策、理论、实践等层面对强国时代如何创新发展、高质量发展、绿色发展、协调发展进行系统分析与阐释，书中不乏精辟的分析、深度的解读、犀利的论断、科学的对策，相信能为广大读者提供思想启迪，助力中华民族在新征程中铸就新辉煌。

目 录

第一章　数字乡村

智慧农业赋能乡村振兴的意义、挑战与实现路径 / 崔宁波 …………… 003

以数字乡村建设保障农产品质量安全 / 韩青 …………………………… 010

我国数字乡村建设的难点、重点及方向 / 李道亮 ……………………… 016

准确把握数字乡村建设的行动路线图 / 李建军 ………………………… 027

消费扶贫如何实现可持续性发展 / 李文 ………………………………… 034

第二章　繁荣乡村

全面推进乡村振兴的四个关键问题 / 唐丽霞 …………………………… 043

脱贫地区创新发展路径研究——以 5 年过渡期支持政策为重点 / 郑有贵
………………………………………………………………………………… 053

乡村产业振兴的发力点和突破口 / 王艺明 ……………………………… 066

农村产业脱贫中组织创新典型模式探究 / 徐旭初 ……………………… 076

后扶贫时代乡村建设要树立三种理念 / 朱启臻 ………………………… 084

第三章　绿色乡村

以绿色发展理念促中国农业绿色发展 / 谭淑豪 ………………………… 095

以乡村生态振兴推动绿色发展 / 刘垚 …………………………………… 112

农村生态文明建设的历程、现状与前瞻 / 司林波 ……………………… 116

构建国家粮食安全新发展格局 / 崔宁波 ………………………………… 126

当前加强农村土地资源利用与管理的策略 / 左停 ·················· 135

第四章　和谐乡村

坚持农民主体地位是实现高质量乡村振兴的保障 / 王晓毅 ············ 147
村干部实行职业化管理的成效及思考 / 贺雪峰 ···················· 154
当前农村基层党组织建设的现实问题与优化路径 / 陈东琼 ············ 162
社会资本下乡的风险处置研究 / 席月民 ·························· 171
优化农村集体产权制度改革推进乡村治理现代化 / 刘合光 ············ 179
现代化：小康之后乡村发展的战略方向 / 张国有 ·················· 188

第五章　城乡融合发展

城乡融合、要素流动与乡村振兴 / 熊易寒 ························ 201
劳动力市场转折、新技术变革与城乡融合发展 / 都阳 ·············· 211
城乡融合视域中的城乡基本公共服务供给与创新 / 高洪波 ·········· 227
推进城乡融合发展的四重逻辑 / 高帆 ···························· 246
城乡融合发展的进展、障碍与突破口 / 刘合光 ···················· 257
中国城乡融合高质量发展研究 / 张友国 ·························· 266

第一章

数字乡村

数字乡村建设是立足于我国新 T 时代农业农村发展现状而作出的重要战略部署，不仅是乡村振兴的重要战略方向，也是建设数字中国的重要内容。随着信息化、网络化和数字化在农业农村发展中的广泛运用，数字乡村建设将持续释放数字红利，成为开启农村现代化建设新局面的重要抓手。

智慧农业赋能乡村振兴的意义、挑战与实现路径

崔宁波

东北农业大学经济管理学院教授、博士生导师

  智慧农业是集大数据、移动互联网、物联网、云计算于一体的一种高效、优质、低耗的精准生产模式。《中共中央关于制定国民经济和社会发展第十四个五年规划和二〇三五年远景目标的建议》指出，要把建设智慧农业作为"十四五"时期以及提高农业质量效益与竞争力的重要内容。2022年中央一号文件又提到要大力推进数字乡村建设，推进智慧农业发展，促进信息技术与农机农艺融合应用，拓宽农业农村大数据应用场景。事实上，智慧农业的发展不仅是农业技术升级迭代的过程，更是我国资源性、生态性产业实现要素、技术、产品等可控的关键一环，智慧农业无疑会成为未来农业的发展趋势。当前正值全面建成小康社会后，乡村振兴迈上新台阶之时。让智慧农业为农村现代化插上翅膀，积极发挥网络数据优势，为乡村振兴战略服

务，还需要对其整体发展状况进行科学分析与精准把脉。

▶▶ 智慧农业赋能乡村振兴的意义

智慧农业激发产业振兴活力。产业振兴是乡村振兴战略的重要基础，智慧农业通过作用于产业发展过程来激发产业振兴的活力。首先，智慧农业最直接的作用是能够运用大数据和反馈机制打通各环节信息渠道，高效率地匹配市场供需，进而使农民或农业企业有针对性地制订生产销售计划。其次，智慧农业提升了精细化和高效化的作业水平，有利于农业产业的改造升级。在生产领域，通过智能化的管理客观上节约了人力成本，优化了工艺流程，提高了产品质量；在经营领域，建立在现代信息技术上的智慧农业不受时空限制，间接促成了农产品产供销一体化的经营模式，使农业企业的品牌化意识不断加强；在服务领域，智慧农业的发展解决了"农业信息最后一公里服务难"的问题，大大提高了决策管理水平。最后，智慧农业推动了农业新业态的发展，无人机植保、农机自动驾驶、农村电子商务的推广，能够更合理地配置整个农业产业链的有限资源，提升农业全产业链的价值。

智慧农业带来人才振兴机遇。人才振兴是乡村振兴战略的重要支撑，智慧农业将现代化技术、理念应用于传统产业，间接通过共享学习资源为人才振兴带来机遇。在大数据背景下，智慧农业与"互联网＋专家"模式的配合，可以实现远程信息分析和技术异地指导，在提高工作效率的同时解决乡村自身人才短缺问题。还可以帮助收集海量农业人才信息，分析其就业意向和工作期望，通过双向选择破解农村人才引进难、留住难的局面。除此之外,"政产学研商"多位一体的智慧农业要求农业生产者向管理者转型,培养一批知识结构搭配合理的高素质农民,一些数字化技术和信息资源的共享可以大大降低培养成本,为人才振兴提供更广阔的平台。

智慧农业打下生态振兴基础。生态振兴是美丽乡村建设的重要内容,是人民群众的共同愿景。智慧农业在应用过程中通过改善生态环境、推动农业绿色发展为生态振兴打下基础。在技术层面,智慧农业能够借助卫星搭载高精度感知设备实时监测水、大气等环境因素的标准化水平,利用高科技手段监测土壤因素的变化,还能够借助智能设备检测农药残留等是否符合绿色产品的质量要求,既确保了整个环境符合生产要求,又保证了人们"舌尖上的安全"。在管理层面,智慧农业能够在充分考虑精细化生产、节水灌溉、废弃物利用等方面的基础上,引导农户进行科学的生产决策规划,在促进水土资源高效利用的同时兼顾农业生态保护修复,为乡村生态振兴打好基础、做好铺垫。

智慧农业带动农民脱贫致富。乡村振兴的最终目标是实现农业强、农村美、农民富,智慧农业通过科学技术、大数据与农业结合指导农民种植养殖,能够改变"靠天吃饭"和散乱无序的低效状态,带动农民脱贫致富。一方面,智慧农业可以依托不同区域内的自然禀赋,"量身定制"专业化、接地气的特色产业,再以"互联网+"形式带动"一村一品、一镇一业"的发展。另一方面,智慧农业推动了农业生产的集约化、规模化、工厂化、全程可追溯化与虚拟可视化等方面发展,不仅改变了传统农业中单一农户难以应对自然风险的状态,还极大降低了农业生产中人为因素的不确定性,有效帮助农民降低了劳动力成本及生产资料成本,保障农民长期稳定增收。

智慧农业赋能乡村振兴面临的挑战

智慧农业尚处于起步阶段，精细化的政策引导还不完善。目前我国的智慧农业主要是由政府主导推行试点示范，多数地区还处于起步阶段，缺少成熟的市场运行模式。尽管多年来"互联网+""智慧农业""大数据"等概念多次出现在国家或地方的政策文件中，但智慧农业与乡村振兴结合在因势利导、经验吸收、阶段特点等方面的精细规划还不完善，涉及的财政支持、平台建设等也需要进一步加强。《2020全国县域数字农业农村发展水平评价报告》显示，我国县域数字农业农村建设的财政投入仅占全国农林水财政支出的0.8%，难以支撑智慧农业的长远发展。具体来说，智慧农业面临以下三个方面的挑战。

第一，数据采集与整合程度较低，信息管理体系有待健全。智慧农业在任何应用场景都离不开数据支撑，我国是农业大国，各类资源信息、生产信息、市场信息等纷繁复杂，然而这些相关数据的收集整理却成为当前智慧农业赋能乡村振兴面临的最大挑战。依靠调查、访谈、普查等方式获取的农业数据范围不够广泛，也缺乏细化的深入整合，导致其权威性、完整性、一致性和时效性仍较低。具体来看，种植业占农业种类的比重最大，目前还没有一套规范的数据信息管理规章制度；林业的生态系统较为复杂，数据更新的动态管理更是困难；畜牧业的市场因素波动较大，采集到的数据信息在加工分享时容易与实际利用脱节。

第二，硬件与软件技术发展滞后，创新性农商模式有待拓展。在硬件方面，传感器是智慧农业数据获取的"神经末梢"，我国自主研发的农业传感器灵敏度较差、稳定性较低，大部分的核心元件仍依赖进口、受制于人。在软件方面，尤其是在决策分析的模型和算法上，我国智慧农业与世界先进水平还有较大差距，大量照搬使用国外开发的软件和算法，又会因为环境条件等差异造成难以兼容或适用的问题。此外，我国绝大部分智慧农业的项目主要依靠政府支持，而乡村振兴"造血式"的发展亟须市场机制介入，创新性地拓展现有农商模式，从而激发更多内生动力来解决农村发展的实际问题。

第三，人才匮乏加之劳动者参与不足，智慧农业集成应用能力偏低。人才作为连接技术与应用的桥梁，是推动现代社会发展的重要动力。一方面，当前农业大数据人才、农业经营管理与信息化复合型人才以及能够操作现代生产设备的农村高素质人才的大量短缺，必然会限制智慧农业的集成应用。另一方面，智慧农业应用本身面临较高的知识门槛，而我国农民整体受教育程度不高，对新事物的接受能力较低，且由于建设和维护所需资金较多，导致农业劳动者的参与程度也不高。往往仅是部分农业合作社、家庭农场、农业企业等新型经营主体作为主力，多数小农户只能望而却步。

▶ 智慧农业赋能乡村振兴的实现路径

科学制订智慧农业发展规划，有效对接乡村振兴的战略需求。国家层面要对标乡村振兴的总要求，结合智慧农业发展的市场导向、问题导向、消费导向，制定智慧农业赋能乡村振兴的整体发展策略。地方政府则应在充分考虑本区域资源条件、农业发展特点的基础上进行精细化拓展，明确相关目标、思路、重点及所需保障等，使整个赋能过程有据可循。各部门要联动提高政策规划的落实效率，不仅涉及农业方面，还包括乡村的基础建设、公共安全等多个领域。可以在国家层面建立跨部门、跨领域的决策咨询和协调机构，为不同发展层次的地区提供针对性、差异性指导，形成全国统筹布局、部门联动推进、省市分类指导的智慧农业赋能乡村振兴新格局。

完善基础农业数据和共享平台，建立规范化的信息管理体系。首先，要整合现有数据资源，加快构建包括农村权属、农业资源、生产管理、机械设备、市场信息等的基础数据库。然后，要进一步推动免费物联网应用和大数据平台建设，可以通过补偿激励手段促进部门、地区和行业间的信息交流与学习借鉴，推动跨部门、跨地区、跨行业的农业数据的收集、共享和利用，发挥以合作方式深度挖掘数字信息的促农效应。最后，要对现有智慧农业的数据信息进行规范化管理，从在线到离线都要有专门的规章制度和责任落实机制，必要时还可以推出一套从数据采集到发布再到使用的立法管理体系，同时确保数据使用的灵活性和高效性。

培养农业科技人才和高素质农民，夯实智慧农业发展的智力基础。2022年中央一号文件也提到要加强农民数字素养与技能培训。鉴于智慧农业发展对跨学科复合型人才需求较高，一是可以由当地政府牵头，推动农业类高等院校及职业院校开设智慧农业课程和建立实习平台，并支持其与企事业单位合作，定向培养惠农人才。二是可以通过直接补贴或减免部分个人所得税的形式提高智慧农业人才的薪资待遇，完善农业人才引进和流动机制，鼓励应用型人才"下沉"，为进一步开展基层推广示范工作提供人才支撑。三是深入开展新型职业农民、农村信息专员培训工程及农村实用人才带头人素质提升计划，设计喜闻乐见的方式和内容，促进传统农民向符合智慧农业发展要求的"新农人"转型。

加快智慧农业创新和应用转化，健全知识产权保护及法律保障。第一，要加大自主研发投入力度，强化集成创新，重点支持农业传感器、人工智能、智慧物流等共性核心技术的突破，避免关键领域被"卡脖子"。第二，要积极探索智慧农业赋能乡村振兴的应用场景，打造内容丰富、种类多样、载体多元的信息服务产品，将区块链等新兴技术转化为商业价值。第三，深化农业知识产权改革，抓好智慧农业发展的法律法规建设，这也是衡量行业发展完善程度的一个重要指标。要有明确的研发、应用及市场运行规则，将有违法违规行为的个人和企业一并记入欠缺诚信档案，提高违法违规代价，为智慧农业发展营造公平稳定的外部环境。

加强智慧农业宣传指导和示范引领，带动社会力量广泛参与。智慧农业赋能乡村振兴的任务重、时间长、涉及主体广，要在政府主导下，鼓励各类主体积极参与，形成建设合力。对广大农民而言，要搭建多渠道的农业信息服务平台，及时发布智慧农业和技术指导信息，再联合各新媒体平台开辟实时推送专栏，当农民看到智慧农业带来的红利时，就会更容易接受和参与进来。对农业企业和其他社会主体而言，要充分发挥政府投资的杠杆撬动作用，探索建立智慧农业发展示范区，加大智慧农业的财政支持及贷款、税收等优惠力度，在加强刚性约束管理的前提下，引导农业企业和社会资本投向智慧农业建设，实现合作共赢。

以数字乡村建设保障农产品质量安全

韩青

中国农业大学经济管理学院教授，

北京食品安全政策与战略研究基地研究员

"民以食为天，食以安为先"，农产品质量安全关乎农业农村高质量发展和人民群众的身体健康。随着我国经济持续快速发展和居民农产品质量安全意识的不断提高，国家加大了对农产品质量安全的监管。但是，我国仍然没有建立起完善的"从农田到餐桌"的农产品质量安全监管机制。保障我国农产品质量安全，需要进一步加强农业生产环境和农产品质量安全监测、完善农业生产经营体系，促进农产品质量安全信息披露和农产品品牌建设等。数字经济在推动经济发展、加快经济社会转型、培育经济增长新动能方面，都发挥着重要作用。2021年中央一号文件提出"实施数字乡村建设发展工程"，以数字技术引领农业农村创新发展，有助于推进农业绿色安全和高质高效发展，从而实现农业农村现代化。

▶ 农产品质量安全的现实困境

农业生产资源环境恶化。长期以来，我国种植业通过大量使用化肥、农药等现代化工产品来提高农产品产量，然而，石油化工产品的使用对生态环境造成了严重破坏，出现了耕地质量下降、农业水资源污染等一系列问题。同时，由于工业"三废"[①]排放，生活垃圾、废旧电池和日常生活污水排放及区域和流域土壤重金属等影响，使得我国耕地土壤和水资源污染现象严重。依据《2019中国生态环境状况公报》中的数据，截至2019年年底，全国一至三等的优质耕地面积为6.32亿亩，占耕地总面积的31.24%。《2014全国土壤污染状况调查公报》显示，中国耕地土壤无论是点位超标率，还是主要污染物种类，都远远高于林地、园地及未利用土地。农业生产资源环境的逐渐恶化，对农产品绿色安全生产带来沉重压力。

农业生产规模小而分散，经营者整体素质不高。当前，传统农业生产经营者老龄化严重、文化素质偏低，对农业新技术的学习和接受能力较差，难以适应农业绿色安全高质量发展的要求。我国农业生产经营者组织化规模化程度低，根据第三次全国农业普查数据，规模农业经营户占农业经营户的比重仅为1.9%，家庭经营耕地在30亩以上的农户数量占比不足5%。个体化农业经营户素质参差不齐，部分农业生产经营者的"无知"和"无良"导致农产品存在超标使用农兽药和滥用添加剂现象。此外，小规模生产标准化规范化程度低，政府监管农产品质量安全成本较高，容易出现监管漏洞，这些都增加了农产品质量安全的潜在隐患。

农业生产技术研发、技术推广和技术服务体系滞后。保障农产品质量安

[①] "三废"指废气、废水、废渣。——编者注

全，需要建立开放竞争、多元参与、协同高效的农业技术研发和推广体系及农业科技社会化服务体系。当前，我国农业技术进步贡献率突破60%，但与发达国家相比，还有较大差距，主要体现在缺乏农业生产前沿技术、系统集成技术和具有自主知识产权的突破性技术这三个方面。基层涉农技术研发和服务人员数量较少且专业素养偏低，对新型农业科学技术接受能力弱，导致农业技术设施不能有效利用，技术服务效率低，农产品质量检测技术落后，以上因素制约了绿色安全农业的快速发展。

农产品质量安全标准不统一，政府监管体系落后。我国农产品质量安全管理机构涉及农业、市场监管、卫生等多个部门，容易造成"多头管理、分段管理、环节缺失"的局面。多部门制定的农产品质量安全标准缺少层级间有效对接，导致标准体系不统一和不健全。地方政府作为本地农产品质量安全的监管者，构建了覆盖本地区的安全监管系统。面对大量源自外埠的农产品时，地方政府难以进行全过程监管。目前，农产品追溯系统仅能做到产地追溯和物流追溯，无法满足生产环境监测、生产过程监测、农产品加工监测等更多需求，对于农产品的批发、零售环节的追溯也无能为力。我国目前还没有形成"从产地到餐桌"的全面有效的农产品质量安全可追溯体系。

▶ 数字乡村建设保障农产品质量安全的内在机理

2019年5月，中共中央办公厅、国务院办公厅印发的《数字乡村发展战略纲要》指出，"数字乡村是伴随网络化、信息化和数字化在农业农村经济社会发展中的应用，以及农民现代信息技能的提高而内生的农业农村现代化发展和转型进程，既是乡村振兴的战略方向，也是建设数字中国的重要内容。"数字乡村建设能够从以下几个方面保障农产品质量安全。

第一，数字乡村建设通过农业生产智能化带动农业生产方式变革，实现优质安全农产品的有效供给。运用数字信息技术，采取环境监测设备对农业产地环境和污染状况进行实时监测，加强农业面源污染和畜禽粪便污染防治。在生产环节，同时实施智能灌溉、测土配方施肥等技术，构建数字信息决策系统，对传统农业生产方式进行改造升级，从而实现提高农产品品质、保障农产品质量安全和增加效益的目标。

第二，数字乡村建设通过引入现代农业机械，新型农业社会化服务模式等途径，使小农户实现农业的规模化、标准化生产，从而保障农产品质量安全。小农户作为当前家庭承包经营的基本单元，在优质农产品品种选择、现代化农业机械使用和农业信息获取方面表现相对滞后。数字农业借助互联网技术的力量，使农户采用了以先进机械和设施农业为代表的现代化生产手段；利用人工智能、云计算等技术，实现生产环节的智能决策、自动控制与精准管理；依靠新型的农业社会化服务和农业信息平台，缓解了小农户与大市场的基本矛盾，促进农业生产的标准化，优化农业产业链，实现小农户优质绿色农产品供给。

第三，数字乡村建设加速推进了农产品质量安全可追溯体系，进而控制农产品质量安全风险。在互联网与农业生产有机结合背景下，物联网技术广泛应用于农业生产经营中，农业生产技术、传感器技术、数据远程传输与处理技术、农产品检验检测技术、农产品质量安全信息公开技术、风险预警和风险评估技术等逐渐趋于智能化和精细化。区块链技术以其分布式、可追溯、不可篡改、非对称加密、自维护的特性，逐步应用于农产品溯源系统。

通过互联网技术建立生产经营者信用信息评估体系，督促农产品生产者规范生产行为，提供质量安全有保证的农产品。网络化、数字化技术实现了对农产品质量安全关键影响因素的预警和过程控制，为农产品质量安全追溯体系的完善提供可靠的技术保障。

第四，数字乡村建设利用数字技术建立农业生产领域的数字信息库，构建农产品市场信息、农业生产社会服务供给信息和农业生产技术培训平台，提高小农户利用数据信息的快捷性和数据信息的精确性，提高农业经营主体的生产技能和安全生产意识，规避农业生产风险，优化农业生产结构，提高农产品供给质量。

▶ 推进数字乡村建设的建议

数字乡村建设是实现我国农业现代化和乡村振兴的必由之路。然而，在当前实践中，存在农业信息化基础设施薄弱、数字乡村建设科技支撑能力不强、乡村技术人才匮乏、农业数据信息共享存在体制性障碍等问题。为此，建议从以下四个方面入手推进数字乡村建设。

第一，积极引导市场化主体参与，加强农村信息化基础设施建设。信息化建设要以政府主导和市场参与相结合，进而推动政府与各市场主体的合作。积极引导市场化主体参与乡村振兴信息化基础设施建设，尤其是大型企业和金融机构投资的加入。重点扶持公益性强，示范效应好和辐射面广的示范工程建设项目。

第二，依据农村区域差异，有针对性地加强数字技术研发。数字乡村建设要立足国情、农情，重视数字技术的科学规划和优化布局，针对我国平原、山区和牧区等不同农村的农业生产特征，有针对性地研发适用性强、适用范围广的信息技术，政府通过建立数字农业专项研发基金，引导资金流向特定的核心技术研发项目。

第三，培养和引进农村技术人才，服务于数字乡村建设。政府应加大对农村高素质农业人才的培养与培训，研究并出台解决农村技术人才工作、生活等难题的政策，吸引农业大专院校、科研院所的技术人才到农村基层工作，加强农村乡土人才"土专家""田秀才"的培养。积极培育种植养殖大户、家庭农场和农业专业合作社的领办人，发挥新型农业经营主体在使用农业先进技术方面的带头和引领作用。

第四，加强农产品质量安全标准化体系建设。建立"高度开放、覆盖全国、共享共用、通查通识"的农产品质量安全追溯管理信息平台。整合有关农产品质量安全的国家标准、地方标准、企业标准，完善农产品质量安全检测信息网络，保障农产品信息能够公平和及时地传递，从而实现数字经济对农产品质量安全的保障和推动作用。

我国数字乡村建设的难点、重点及方向

李道亮

中国农业大学信息与电气工程学院教授

▶▶ 数字乡村的内涵及背景

　　数字乡村建设是指按照"产业兴旺、生态宜居、乡风文明、治理有效、生活富裕"的总要求，基于乡村信息基础设施建设，以信息化、数字化、网络化为重要载体，实现乡村产业数字化、治理数据化、服务信息化以及生活智慧化，重构乡村现代经济发展形态，打造乡村治理信息化新模式。值得注意的是，数字乡村不是智慧城市的复制版，我们要根据中国乡村发展的实际情况，深刻把握农业农村发展的客观规律，因地制宜，积极探索乡村数字化转型和发展的新模式。

　　乡村振兴是国家战略的重要导向。2018年1月发布的《中共中央 国务院关于实施乡村振兴战略的意见》中指出，中国发展不平衡不充分问题在乡村最为突出，其主要表现在农产品阶段性供过于求和供给不足并存、农民适应生产力发展和市场竞争的能力不足、农村基础设施和民生领域欠账较多、城乡之间要素合理流动机制亟待健全等方面。对此，党中央作出了一系列部署和安排。2018年9月，中共中央、国务院印发了《乡村振兴战略规划（2018—2022年）》，并指出"实施乡村振兴战略是建设现代化经济体系的重要基础"，要"深化农业供给侧结构性改革，构建现代农业产业体系、生产体系、经营体系"。《数字乡村发展战略纲要》中明确表示："立足新时代国情农情，要将数字乡村作为数字中国建设的重要方面，加快信息化发展，整体带动和提升农业农村现代化发展。"2020年5月，中央网信办、农业农村部等4部委联合印发《2020年数字乡村发展工作要点》，并要求"推进乡村新型基础设施建设""推动乡村数字经济发展"，以信息化推进农业农村现代化，不断激发乡村发展内生动力和巨大潜力。党中央在"十四五"规划建议中强调，"优先发展农业农村，全面推进乡村振兴"，走中国特色社会主义乡村振兴道路。

乡村振兴是农业农村发展的现实需求。我国是农业大国，农业在国民经济发展中地位显著。因此，正确处理好农业、农村、农民这三者之间的关系是非常重要的。在农业劳动力方面，谁来种地？随着社会的快速发展，我国人口老龄化趋势明显，农村大量青壮年外出务工导致农业劳动力严重短缺，农村的留守老人成为主要的农业劳动力。在农业生产方面，如何种好地？传统的农业生产过程大多采用粗放的生产方式，"靠天吃饭"、经验种植、自然灾害对农作物的高产优质生产影响巨大。随着信息化、网络化、数字化等技术逐渐应用于农业农村领域，物联网、传感器、智能装备等新兴技术逐渐参与农业生产的全过程，传统的人工播种、除草、喷药、施肥、灌溉、收割等过程均有智能装备代替人力实现，大大减少了劳动力的投入，提高了生产效率。同时，通过先进的育种技术、设施农艺技术等，使得农业由平面式的大田种植模式逐渐向集约型设施温室立体栽培模式转型，由传统的农业生产逐渐向种植养殖、加工、运输、销售等为一体的全产业链发展。在农业发展方面，如何发展好农业？目前农业生产过程普遍存在生产周期长、劳动力及时间投入大、经济效益产出相对较少的问题，导致越来越多的年轻人不愿从事农业生产活动。对此，应坚持以人民发展为中心，积极建立与农业、农村、农民发展相匹配的数字乡村发展模式，对于加快推进农业农村现代化发展和转型，切实提高农民的获得感、幸福感、安全感意义重大。

▶ 国外数字乡村建设的一般规律

基础设施的数字化、网络化是数字乡村的发展前提，宽带与电脑入户是其基本特征。基础设施是实现数字乡村建设的最基本的前提。当前，随着第四次工业革命在世界各地蓬勃兴起，智能化、网络化、数字化成为社会发展的主要特征。世界各国在发展数字经济的过程中普遍将基础设施建设作为基础。如美国在农业领域，形成了以卫星网、互联网、物联网、遥感网等为支撑的农业相关信息服务网络。截至 2019 年，英国几乎所有的农民均拥有手机，其中 82% 可实现上网；几乎所有的农场均配备有电脑，且超过一半的农民通过互联网获取收益。

农业数据资源是农业科学决策的重要依靠，依靠数据决策成为各行各业的基本趋势。农业数据资源是实现农业科学决策的必要条件。大多数发达国家已经将农业数据库的构建作为农业信息化发展及决策的基础研究项目，为科学决策、农业生产经营、政府宏观调控提供了基础的数据支撑。如美国农业部已经建立了全国作物品种资源信息管理系统，可提供60万份作物样品信息；英联邦农业局建立了包含动物科学、作物种植、农作物生长环境、食品营养在内的农业数据库，年更新数据超35万条，为英国的农业科学研究及决策奠定坚实基础。

生产信息化是农业现代化的标志，农业生产向数字化、网络化、智能化方向发展的趋势明显。信息技术是推动数字乡村建设的主要推动力。信息技术与农业的深度融合发展，逐渐实现了农业生产经营的规模化、组织化、标准化，加速了现代农业发展的步伐。目前，全球以信息化、网络化、数字化、智能化为主要特征的智慧农业正在快速发展，日本、英国、美国、澳大利亚等国陆续搭建无人农场，实现了农业生产的高效运转，大大提高了农业生产率。

数字化是保障农业绿色发展的重要手段，精准施药、施肥是农业绿色发展的必然要求。绿色发展是数字乡村建设的重要目标。大多数发达国家以"绿色可持续发展"为主要理念进行农业数字化发展，其中澳大利亚的农业绿色化发展很快，其生态农业的种植面积占世界总面积的19%。澳大利亚通过农作物生长环境信息智能检测和农业决策支持系统，保证了农业的绿色发展及高效生产。另外，新西兰特别重视土壤保护及农业绿色化发展，通过计算机模拟为作物生长制订施肥计划，实现少量多次施肥，防止土壤退化。

数字化是加快城乡融合发展的助推器，统筹智慧城市和数字乡村建设是必然趋势，城乡融合发展是数字乡村发展的必然趋势。信息化、数字化技术通过将网络设施、数字资源以及技术体系进行协同共享，极大地推动了城乡资金流、人才流和科技流的加速流转及转化。欧美发达国家通过数字化技术探索推进城乡融合发展，日韩等国家通过数字化技术探索推进乡村产业重构和建设，进而推进城乡统筹发展。

▶▶ 我国数字乡村建设面临的挑战

数字乡村发展后力不足，整体建设缺乏规划。《中共中央 国务院关于实施乡村振兴战略的意见》中就明确提出"实施数字乡村战略，做好整体规划设计，加快农村地区宽带网络和第四代移动通信网络覆盖步伐"的要求，但在目前的数字乡村建设过程中，部分地区缺乏对所辖区域的彻底调研及了解，没有因地制宜、充分挖掘地方特色，没有形成具有地方特色及发展优势的数字乡村发展模式。具体的困难与挑战如下：

数据获取机制欠缺，区域发展极不平衡。目前几乎所有的市、区（县）均没有成熟的基层数据获取途径，缺乏数字乡村综合服务大数据平台，基层数据很难及时、准确上报；尚未建成统一的基层信息共建共享机制，任务分工及统筹协调难度较大。

农业生产规模不足，生产数字化需求低迷。目前，农业用地以散户居多，未形成规模化种植，甚至个别土地因被弃种变成荒地。此外，青壮年农业劳动力外出务工，留守种植人员以老年人为主，接受信息化、数字化等新技术的能力有限。

科技创新供给不足，产业发展尚待提高。当前从事"三农"相关信息服务及信息产品开发的企业较少，开展产学研模式难度较大，符合"三农"要求的信息服务体系尚不健全。农业专用传感器缺乏，动植物模型与智能决策准确度较低，农业机器人、智能农机装备的实际适用性较差。与城市以及其他领域相比，农业农村领域数字化研究应用明显滞后。

城乡发展差距较大，以城带乡挑战极大。数字乡村建设与智慧城市建设相比进展相对缓慢，城乡巨大的数字鸿沟短期内难以有效消除。再加上数字乡村建设本身基础薄弱，缺乏大量专业人才及建设资金，导致智慧城市与数字乡村建设协同发展面临诸多挑战。

▶ 数字乡村建设的重点内容

加快乡村信息化基础设施建设。持续提升乡村网络设施水平，在满足乡村基本互联网覆盖的情况下，推进下一代互联网基础设施的发展，推进第五代移动通信（5G）网络设施建设进程，发展乡村 5G 典型创新应用。完善信息终端和服务供给，鼓励"三农"相关技术产品、软件、终端的研发，并积极推动民族语言音视频技术的研发及应用，服务广大少数民族群众。进一步推进信息进村入户工程的建设，构建村级综合服务平台，为农民和新型农业经营主体提供便利高效服务。以电力、水利、物流、农业生产加工等为切入点，大力推进乡村基础设施的数字化转型升级，建设数字乡村。加强自然资源遥感监测"一张图"和综合监管平台建设，动态掌握乡村土地利用和发展状况，实现对基本农田信息、土地区块、作物类型、作物生长状况等信息的有效监测监管。推进农业农村大数据中心建设，加强重要农产品全产业链大数据建设，打通基层数据共建共享渠道。

促进乡村数字化经济蓬勃发展。加快推进云计算、大数据、物联网、人工智能等新兴技术与种植业、种业、畜牧业、渔业、农产品加工业的全面深度融合发展，打造智慧农业、科技农业、品牌农业。积极开发乡村新业态，基于数字农业基础，打造认养农业、体验农业、观光农业、都市农业等不同类型的产业，增加农业附加值。借力"互联网+"，进一步拓宽线上线下销售渠道，建立智慧物流配送站，深化电商进村示范作用，形成特色农产品电商品牌。加快提高农业装备智能化水平，促进新一代信息技术与农业装备深度融合，提升农业装备智能化水平。

推动乡村治理数字化水平不断提升。加强基层"互联网+党建"平台建设，完善和丰富党员远程教育内容，推动党务、村务、财务网上公开，畅通民意。深化乡村"互联网+政府"服务内涵，打通市、县、乡、村四级数据互通的渠道，健全网上审批服务体系，实现农民群众"办事不出村""零跑腿"。推动"互联网+社区"向农村延伸，构建"互联网+社区"综合信息平台，大力推动乡村建设和规划管理信息化，提高村级综合服务信息化水平。完善乡村网格化管理平台，确保"大事全网联动，小事一格解决"。深入推进"互联网+公共法律服务"体系建设，完善线上线下联动的公共法律服务机制，打通线上服务和线下服务的新通道。整合公共法律服务资源，通过公共法律服务平台将司法机关、法律工作者、农民等联结起来，不断提升农村公共法律服务的专业化水平、个性化服务水平和农村公共法律服务质量。

加强乡村信息惠农服务管理。深入推进乡村教育数字化建设，加大教育信息化专项资金统筹力度，优先向农村地区学校倾斜，重点扶持薄弱地区和薄弱学校的教育信息化平台建设，推进乡村地区教育的均衡、高质量发展，实现乡村教育与城镇教育同步发展。完善民生医疗保障信息服务，扩大异地结算范围，提高异地就医持卡结算率。加快推进市、县、镇、村四级医疗机构信息共建共享，满足基层医疗机构的信息化需求；同时，大力发展"互联网＋医疗"，提供远程医疗、远程教学、远程培训等服务。加快推进农村数字普惠金融发展，丰富金融应用场景，采用新技术手段，创新金融产品，提升农户体验。

助推智慧绿色乡村建设迈上新台阶。普及农业智慧绿色生产方式，大力发展数字监管检测平台，加强耕地质量监测，促进农田节水，推动化肥减量使用，增加绿色有机肥施用量。完善农业生产废弃物的数字化管理体系，加强农产品质量安全监管，搭建农产品由田间到餐桌的"种植－生产－加工－运输－餐桌"的食品安全追溯系统，保障农产品安全优质生产。推广农村智慧绿色的生活方式，科学规划农村居住环境，建立农村公共环境卫生体系，合理布局农村污水排放管网和集中处理设施，建立农村生活垃圾分类处理体系，优化农村绿化美化树种，因地制宜制订农村美化方案。建立健全村级饮水安全责任制，深化农村饮用水安全巩固改革，不断提升农村供水保障水平。建立乡村智慧绿色生态模式，按照生活宜居、设施配套、生态绿色、环境优美的总要求，从乡村实际出发，因地制宜、因村制宜，精心规划乡村生态保护方案。科学划定河流湖泊生态保护红线，强化水资源的合理利用，结合乡村振兴战略总要求，合理规划、利用湿地，拓展开发乡村生态旅游业、生态农业，建设美丽宜居示范村。

数字乡村建设的未来发展方向

抢抓战略机遇，努力推进数字乡村新基建。数字乡村建设是实现数字化中国建设的重中之重，恰逢乡村振兴重要机遇，新基建等信息基础设施将进一步向农村地区扩展延伸，加快新一代互联网等信息技术在乡村地区的快速发展，创新5G网络应用。避免乡村基础设施的重复建设，努力打造共建共享性乡村基础设施，致力于向高效化、集约化、绿色化、智能化、安全化等方向发展。

大力推进农业生产规模化，努力提升农业生产数字化水平。根据区域发展特色及优势，大力扶持家庭农场、农民合作社、种养植大户，实施土地资源的适当、适度流转，提高农业生产组织化、集约化水平。不断强化农业科技创新供给，推动新一代信息技术与农业生产全过程深度融合，推动农业生产数字化，积极打造科技农业、精准农业、智慧农业，提高农业土地产出率、劳动生产率和资源利用率。

释放创新活力，扎实推进数字乡村新业态。坚持政府引导，强化政策支持，充分调动广大农民积极性，优化农村地区创业环境，全方位吸引各方优秀人才返乡创业。以数字技术带动乡村新业态融合发展，促进农业与信息产业融合。根据各地方区域差异性，以因地制宜发展信息化产业为基本原则，引导地方创业主体进行认养农业、创意农业、体验农业、观光农业等新业态开发。

巩固脱贫成果，推进数字乡村民生信息化。大力推进数字乡村民生信息化进程，实现巩固拓展脱贫攻坚成果同乡村振兴有效衔接，利用信息化手段跟踪脱贫人员的后续发展情况，防止脱贫后返贫，并精准监测意外致贫人员，采取合理手段进行帮扶。积极打造乡村金融、文化、民政、社保、就业、医保、教育等公共服务体系，不断提升农民群众的获得感、幸福感、安全感。

大力发展农业农村信息化产业，提升数字乡村发展新动能。大力扶持乡村信息化龙头企业，强化企业信息化、数字化、网络化经营能力，鼓励精准农业、农产品品质检测、精准牲畜养殖、农业无人机、无人驾驶拖拉机等领域发展壮大，为数字农业发展提供有力产业支撑。针对数字农业、数字乡村相关企业产品出台相关补贴政策，建立数字农业、数字乡村专项基金，培育和壮大中国农业农村信息化产业。

坚持城乡统筹，开启数字乡村治理新格局。坚持把城市和乡村作为统一整体进行统筹谋划，以智慧城市建设拉动数字乡村同步发展，引导人才流、资金流、物资流等生产要素流向乡村，把乡村建设成为与城市共生共荣、各美其美、美美与共的美好家园。促进城乡在规划布局、产业发展、要素配置、公共服务等各方面全面发展，强化和完善保障制度，形成城乡互补、工农互促、共同繁荣、全面融合的新型城乡关系。

开展数字乡村试点示范，加快推进全国数字乡村建设。实施一批具有深远影响的数字乡村试点工程，加快推进国家数字乡村试点建设。充分发挥协会、联盟、企业、基层党组织的作用，以需求为牵引，以乡村为主体，不断探索数字乡村发展新模式，加快推进乡村振兴。

参考文献

［1］王雯."十四五"时期加快数字乡村发展的思路和政策建议[J].政策瞭望,2021(03).

［2］李燕.中国数字乡村的发展模式与实现路径[J].探求,2021(02).

［3］李道亮. 提前布局无人农场加速推进现代农业[J]. 山东农机化,2020(02).

［4］李道亮. 农业4.0——即将到来的智能农业时代[J]. 农学学报,2018(01).

［5］李道亮. 农业现代化如何从"互联网+"发力[J]. 人民论坛·学术前沿,2016(10).

准确把握数字乡村建设的行动路线图

李建军

中国农业大学人文与发展学院教授

乡村是人类最早生活的家园,也是人类与自然耦合共生和协同演化的文明产物。乡村与城镇互促互进,共生共存,共同构成人类活动的主要空间。然而,随着近代科技革命持续发展而快速推进的工业化、城市化进程,却在近几百年间造成了农业和工业、城市和乡村之间的二元分割,乡村功能日渐衰竭和退化。实施乡村振兴战略以来,我国乡村人居环境明显改善,农村社会保持和谐稳定,但农业农村发展不平衡不充分的形势依然严峻,亟须通过国家政策干预和现代技术导入等多种举措共同应对。

▶ 数字技术革命与农业农村发展深度融合具有重要意义

自2000年以来,互联网技术、数字技术、人工智能技术与生物技术等前沿科技快速迭代和融合汇通，正在形成具有泛在性、连通性、使能性甚至颠覆性的产业和社会变革力量，其对农业和乡村发展的影响引起国内外关注和重视。美国国家科学院曾在其提供给政府的关于农业未来发展的咨询报告中强调，以数字科技为支撑的智慧农业将是集约化、规模化和环境友好的高效农业，将对农业生产方式带来翻天覆地的变革；尤其是新一代传感器技术、数据科学、人工智能技术和基因组学、生物育种技术以及微生物技术等汇聚融合，可能形成对动植物生长和耕地等周边自然生态系统的整体性干预和精准控制，从而实现农业数字化、生态化转型和农业高质量发展。2015年，美国农业部首席经济学家罗伯特·约翰松在主题为"21世纪的智能农业"的农业前景论坛进行主旨发言时表示，大数据技术拥有引发农业生产、供应链和全球农产品市场革命性变革的潜力。借助遍布乡村的各类传感器，我们能获知天气、土壤、水源和作物等与农业生产经营相关的海量数据、信息和图像，因此可在对这些数据、信息和图像进行科学分析的基础上精准地开发乡村的农业和自然资源，实现农业农村高质量可持续发展。2020年7月17日，英国科研与创新署宣布投资2400万英镑，重点支持数据科学、人工智能和机器人技术等前沿科技在农业领域的应用创新，以开发新型农业系统、减少农业碳排放、提高农业生产力和赢利能力，使英国农业和食品生产系统到2040年实现净零排放，以更高效、更加弹性和可持续性的方式促进农业和食品产业发展。

当这些革命性的数字化变革力量与我们开启全面建设社会主义现代化国家新征程、全面实施乡村振兴战略同期而遇之际，加快推动农业农村数字化、网络化、智能化，自然就成为我国实施乡村振兴战略、数字中国战略，以及建设人与自然和谐共生的现代化的首要选项。基于数字技术、人工智能和数据科学而涌现出来的智慧农业和数字乡村等全新业态或生活共同体,可能彻底突破城乡之间的空间阻隔和传统想象,重新激活农业和乡村的多功能性。尤其是激活乡村的生态服务功能和文化传承功能,让乡村彰显人类生活共同体和自然生命共同体的本质属性,整体实现城乡公共服务的均等化,并且让农业和乡村成为实现人与自然和谐共生的现代化及科技创新自强自立的基础载体、应用场景和前沿阵地。

▶▶ "一基两翼" 实施数字乡村建设

因势利导,前瞻布局。2021年3月13日,《中华人民共和国国民经济和社会发展第十四个五年规划和2035年远景目标纲要》(以下简称《纲要》)《加快数字化发展建设数字中国》篇中对数字乡村建设做出具体部署,明确提出要"建设智慧城市和数字乡村""以数字化助推城乡发展和治理模式创新""加快推进数字乡村建设",彰显出数字乡村建设在国家现代化新征程中的战略意义和重大价值。在此之前,中共中央办公厅、国务院办公厅于2019年5月16日印发的《数字乡村发展战略纲要》指出,数字乡村"既是乡村振兴的战略方向,也是建设数字中国的重要内容"。可以说,数字乡村建设是新时代我国农业农村现代化的内在组分和内生过程。我们要开启全面建设社会主义现代化国家新征程,实现人与自然和谐共生的现代化,构建新时代高质量发展的新格局,就必须率先进行数字乡村建设。

2019年12月25日,农业农村部、中央网络安全和信息化委员会办公室印发《数字农业农村发展规划(2019—2025年)》(以下简称《规划》),对数字乡村建设的战略行动做出明确陈述，提出要"按照实施数字中国战略、乡村振兴战略、数字乡村战略的总体部署，以产业数字化、数字产业化为发展主线，以数字技术与农业农村经济深度融合为主攻方向，以数据为关键生产要素，着力建设基础数据资源体系，加强数字生产能力建设，加快农业农村生产经营、管理服务数字化改造，强化关键技术装备创新和重大工程设施建设，推动政府信息系统和公共数据互联开放共享，全面提升农业农村生产智能化、经营网络化、管理高效化、服务便捷化水平，用数字化引领驱动农业农村现代化，为实现乡村全面振兴提供有力支撑"。

根据《纲要》和《规划》提出的顶层设计和实践指向，我们可以将国家数字乡村建设的行动路线图概括为"一基两翼"，即通过"新基建"投资建设数字乡村的数据资源基础设施，为数字乡村建设既提供"能源"又提供发展动力；同时，通过农业数字化和乡村公共服务数字化两种推动力量形成数字乡村建设的"续航力"、平衡力和持续支撑力。"一基两翼"描绘出了国家数字乡村建设"启航"的动力机制和行动策略。

首先，2021年的中央一号文件明确提出"实施数字乡村建设发展工程"具体部署，明确推动农村千兆光网、5G、建立农业农村大数据体系等数字乡村基础设施建设。根据中央的总体部署，国家相关部委和三大电信运营商联手，积极投资5G技术、物联网等与乡村数字化发展相关的"新基建"，以扩大光纤网、宽带网在农村的有效覆盖，建设人机协同的天空地一体化的数据信息采集系统、国家农业农村大数据中心与应用体系、"村村享"综合信息平台等，并通过各种政策机制建立健全数据资源开放共享、协作协同、开发利益的机制。与之同时，腾讯公司、阿里巴巴有限公司、百度公司和拼多多网络科技有限公司等数据化平台公司通过在乡村搭建"智慧农业平台"、数字化产地仓或智慧农业共同体等多种形式，支持有助于数字乡村建设的"新基建"。所有这些投资行动和共同努力，无疑将为我国的数字乡村建设提供良好的技术基础和发展条件。

其次，国家在《数字乡村发展战略纲要》等系列政策文件中明确提出，"注重构建以知识更新、技术创新、数据驱动为一体的乡村经济发展政策体系"，其中"推进农业数字化转型"部分明确了多方面的任务，包括夯实数字农业基础，推进农业数字化转型，积极发展乡村新业态，等等。政府的政策激励和市场"引力"，以及新冠肺炎疫情激发的数字化平台公司的社会责任感等诸多因素，已促使数字化平台公司和农业公司等数字农业创新主体在智慧农业、乡村共享经济等领域做出引人瞩目的创新探索，并使中国农业数字化进程呈现出快速迭代和多层次进化的创新趋向。从最初的农产品数字化销售到如今的数字化赋能品牌农业建设、智慧农（牧）场生产与经营的智慧化，以及乡村共享经济和数字化服务平台创建等，都展现出农业数字化创新的巨大潜力，创造了诸多独具特色的农业数字化转型的传奇故事。榜样的力量和典型示范，以及农业数字化创新的外部效应，正在蓄积数字乡村建设更大动能，在更高层面上智能化地整合农业、食品和生态环境等乡村发展资源，引领数字乡村建设和乡村振兴的持续推进。

最后，推动数字乡村建设，加强公共服务和有效治理是关键保障。关于数字乡村建设，《纲要》中明确提出，"以数字化助推城乡发展和治理模式创新"，"构建面向农业农村的综合信息服务体系，建立涉农信息普惠服务机制，推动乡村管理服务数字化"，以提升农村地区公共服务智能化、信息化的可及性，提升农民生活数字化服务水平。通过技术赋能和数字化转型，建立健全乡村治理体系，为乡村居民提供高质量、智慧性的生态、治安、文化、教育、医疗、养老和社会救助等全方位的社会公共服务，整体提升乡村居民对乡村生活的幸福感和满意度，进而充分调动乡村居民参与公共事务的积极性，通过数字乡村建设带动乡村全面振兴。

▶ 数字乡村建设需要注意的几个方面

首先，明确了数字乡村建设的战略行动路线图，激发了社会各方参与数字乡村建设的热情，并不意味着数字乡村建设就可以马上完成。基于乡村建设的艰巨性和数字技术应用复杂性，在数字乡村建设中我们首先必须坚持系统思维和底线思维，牢记"人与自然是生命共同体"，在各种建设项目和规划建设中统筹处理好数字化创新发展和农业安全的关系。要及早预警各种农业和乡村产业数字化过程可能出现的负性影响，采取各种科学有效的机制确保农业和乡村自然资源的可持续性，确保乡村居民能够公平地参与和分享数字化的创新收益，真正让产业数字化和数字产业化成为重构农业和乡村经济的有效机制和创新动能。

其次，我们还必须对城乡之间可能存在的技术差距和"数字鸿沟"保持清晰认知和理性态度，学会换位思考，客观理解乡村居民对数字技术的认知水平和接受行动。采取多种方式帮助那些不便或不适应数字化改造的乡村和村民，因地制宜和循序渐进地推进乡村数字化建设，让所有人都能有尊严地享受数字时代的工作和生活。

再次，数字乡村建设作为农业农村现代化的重要内容，自然涉及人的现代化。因此，在推进数字乡村建设的过程中必须重视人的思想观念的现代化问题，通过各种形式，包括数字化的传播手段进行宣传教育，帮助更多的乡村居民应对和适应数字化可能带来的"文化冲击"和观念变革，以更平和的心态坦然面对数字技术和现代化给乡村带来的各种影响。

最后，必须坚持以人为本的建设方针，确保数字乡村建设有正确的价值观和发展理念引领，以更负责任的态度去推动数字乡村建设，让数字乡村真正惠及农业农村和农民，满足所有人对美好生活的向往和追求。

参考文献

[1] 中华人民共和国国民经济和社会发展第十四个五年规划和2035年远景目标纲要[R/OL].(2021-03-23).中华人民共和国国家发展和改革委员会网.

[2] 农业农村部中央网络安全和信息化委员会办公室关于印发《数字农业农村发展规划（2019—2025年）》的通知[R/OL].(2021-01-20).中华人民共和国农业农村部网.

消费扶贫如何实现可持续性发展

李文

中国社会科学院大学教授、博士生导师，中国社会科学院当代中国研究所第四研究室主任、研究员

消费扶贫是新时代农村电子商务和电商扶贫深入推进的产物。2020年以来，伴随新冠肺炎疫情防控常态化居民线上消费持续发力，消费扶贫的作用日益凸显，但也暴露出应急性突出、消费体验差、运营主体不成熟等问题。促进消费扶贫的可持续发展，还需要在延伸产业链条、产销对接机制等方面深耕培育，这样才能与乡村振兴形成有效衔接。

▶ 随着农村电子商务的快速发展和电商扶贫的深入推进，消费扶贫逐步成为助力乡村振兴的重要抓手

消费扶贫的前身是电商扶贫。2014年，国务院扶贫办提出消费扶贫的理

念，结合第一个扶贫日，提出了"邀您一起来扶贫"等口号。同年，国务院扶贫办将"电商扶贫"正式纳入扶贫政策体系，并作为"精准扶贫十大工程"之一从2015年开始实施。伴随农村电子商务的快速发展和电商扶贫的深入推进，消费扶贫逐步受到关注，至今都在全国多地付诸实践。中国银行、中国建设银行等先后依托自己的电商平台与一些原贫困地区签订了电商扶贫合作协议，其本质上也是一种消费扶贫。此外，还有东西部对口协作扶贫中消费购买原贫困地区农产品、国企合力以购代捐、大型民营企业以买代帮、社会组织及电商平台开辟消费扶贫专区等。与此同时，中央有关部门也在推进农村电商发展，尤其是在相关基础设施建设方面制定更加完备的政策，为消费扶贫进一步发挥作用创造了条件。近年来，微商、社群团购、直播带货等新兴电商交易形式，在促进农产品销售方面开始发挥独特的作用。中国电子商务协会社交电商专委会启动的"温暖中国社交电商消费扶贫行动"，力图通过消费扶贫、媒体扶贫、营销扶贫、培训扶贫、数据扶贫、旅游扶贫六位一体助推产业扶贫，对接供应链上下游企业，助推县域电商扶贫和经济发展。

这些消费扶贫行动联合了微博、淘宝网、拼多多以及更多的社交电商平台。东西部对口协作扶贫地区也签订了大量的消费扶贫合作协议，原贫困地区农产品通过政府组织和企业对接，实现了"山货出山"。一些互联网企业充分运用互联网载体，推出了一批形式新颖的消费扶贫项目，既满足了消费者对优质农产品的需求，又确保了原贫困户的销售和收益问题。

▶ 数字技术支撑下的互联网平台成为"消费扶贫"的主要渠道，参与扶贫的社会力量被广泛调动起来

2019年1月，国务院办公厅印发的《关于深入开展消费扶贫助力打赢脱贫攻坚战的指导意见》指出，消费扶贫是社会各界通过消费来自贫困地区和贫困人口的产品与服务，帮助贫困人口增收脱贫的一种扶贫方式，是社会力量参与脱贫攻坚的重要途径。借力"互联网＋消费扶贫"的新模式，参与扶贫的社会力量被广泛调动起来，构筑起坚实的群众基础和物质基础，为脱贫攻坚注入"源头活水"。一系列政策措施密集出台，为"互联网＋消费扶贫"提供了方向：中央网信办等四部委联合印发《2020年网络扶贫工作要点》，提出要深入推进电子商务进农村综合示范，推动消费扶贫线上线下相结合，推进"互联网＋"农产品出村进城工程，提升农村物流服务覆盖面和服务质量；国家发展改革委、中央网信办等28个部门印发《消费扶贫助力决战决胜脱贫攻坚2020年行动方案》，提出加强贫困地区网络基础设施、仓储保鲜冷链物流设施、电子商务和快递物流网点建设，支持贫困地区参加各类产销对接活动。

依托互联网平台进行产销对接，原贫困地区的资源优势就能最大限度地转变为资产优势，为实现消费扶贫提供有力基础。此外，将特色农副产品通过电商高效迅捷地推入市场，短期内可增加就业、加速脱贫，长期来看还可以通过电商大数据推动原贫困地区传统产业改造升级，深度助推乡村振兴。

脱贫攻坚期间，消费扶贫实践中存在部分产品市场竞争力不足、缺乏成熟的销售运营主体等问题

一是主要靠行政力量推动，压任务下指标的应急性问题突出。从中央到地方各级党组织和政府部门的动员能力毋庸置疑。一些人往往看到消费扶贫是重要的抓手，有立竿见影的效果，推动起来不遗余力，但却忽视了激发和保护消费者和生产者的内生动力。对消费者来说，其消费行为在一定程度上由消费行为上升到了政治高度，而不是出于自愿和真实需要，还有部分产品品质和服务欠佳、选择性差，反而加深了强迫消费的主观感受；对一些生产者来说，由于一直处于比较被动的角色，加上政策的兜底保障，也就滋生了部分原贫困群众"等、靠、要"的思想，生产和服务的主动性不强。比如，为解决原贫困地区产品和服务的销售问题，一些地方通过行政手段，要求各级机关和国有企事业单位带头消费，鼓励民营企业等社会力量参与消费，"消费摊派"成了"消费负担"，而且很多企业和平台的消费活动是一次性的，对后续发展缺少安排。

二是部分产品价高质次，缺乏市场竞争力，消费体验较差。因缺乏监管和市场制约，一些原贫困户的农产品质量和价格游离于市场之外，处于无序状态，质量良莠不齐，价格没有统一标准。消费扶贫购买主体抱着完成扶贫任务、捐款扶贫的心态，导致原贫困户的农产品销售与市场价值规律不相符，违背了国家出台消费扶贫政策的初衷，也难以构建起稳定的长效机制。比如，一些原贫困地区的生产者基于政府和企事业单位保底收购的承诺盲目扩大生产，导致供大于求，生产者蒙受了经济损失，也给政府的信誉带来负面影响。

三是销售渠道不畅，缺乏成熟的运营主体。农产品的生产上游要以农业产业化为基础，产品要有特色，生产要有标准，品质、安全、数量要有保证，要有合理的市场定位，能够制订科学的投资和营销方案，直面竞争，不断学习，熟悉市场动态和网络平台的发展，以及有信誉的售后保障，这一切离开专门的人才都是空谈，而人才恰恰是农村特别是原贫困地区最大的短板。调查发现，原贫困户手中的农产品多数只有两个流向：批发给有摊位的小商小贩；挑个担子走街串户流动叫卖。这说明这些原贫困户还未实现产业化生产。即便一些农户学会了借助网络销售，也因为在产品分级、储藏保鲜、快递物流、包装创意等环节较为落后，导致消费者在收到产品后心理落差很大。从农村广泛存在的"能人现象"看，人才远比基础设施、产业基础重要得多。

▶ 推动消费扶贫可持续发展，要从促进产业扶贫、构建产销机制、培养专业人才、加大政策保障等方面着力，与乡村振兴有效衔接

第一，要打好农产品产业化基础。实践表明，产业扶贫是最直接、最有效的办法，也是增强原贫困地区造血功能、帮助群众就地就业的长远之计。因此，要继续加强产业扶贫项目规划，引导和推动更多产业项目落户这些摘帽不久的原贫困地区。要因地制宜做好产品开发，宜农则农、宜林则林、宜牧则牧、宜开发生态旅游则搞生态旅游，真正把自身比较优势发挥好，使这些地区的发展扎实地建立在自身有利条件的基础之上。发展扶贫产业，重在群众受益，难在持续稳定。要延伸产业链条，提高抗风险能力，建立更加稳

定的利益联结机制，确保当地群众持续稳定增收。脱贫摘帽不是终点，而是新生活、新奋斗的起点。要做好乡村振兴这篇大文章，推动乡村产业、人才、文化、生态、组织等全面振兴，有三点要特别注意，一是要进行产业扶贫，二是要实现产业化，三是要着眼于乡村振兴。只有实现了这三点，才能适应农业现代化和农村现代化的需要，才能让消费扶贫的效应实现最大化。产业化并不仅仅在生产环节，还应当包括商品流通的各个环节，在现阶段还要求有电商覆盖。

第二，要构建基于市场的产销对接机制。脱贫攻坚期间，对口支援和扶贫协作机制起着很大的作用，其主要是通过动员党政干部来扩大贫困地区的产品消费。这套机制本质上是一种政府主导的公益行为，更多的是向原贫困地区输血而不是让其自主造血。消费扶贫的要旨应当是通过灵活运用市场化机制，引导全社会力量消费来自原贫困地区和原贫困人口的产品与服务，实现农产品有销路、农户就业有渠道、休闲农业和乡村旅游有活力，提高原贫困户在农产品销售和休闲农业、乡村旅游中的参与度，筑牢其脱贫致富的内生动力机制。

第三，要培养满足产业化、商品化、信息化需要的多方面人才。不论是精准脱贫还是乡村振兴，都离不开人才支撑，而人才正是制约农村地区发展最大的短板。在精准扶贫实践中，扶贫干部发挥了关键性的作用，一些地方的消费扶贫很大程度上是在扶贫干部的努力之下促成的，但也由此留下了一些隐患。原贫困地区巩固脱贫攻坚成果，既需要短期的人才支援，更需要长期的人才支撑。要立足于本地发现和培养"爱农业、懂技术、善经营"的农村实用人才队伍，着力提升原贫困农民的内生动力和自我发展能力，包括原贫困农民使用新媒体的能力；同时也需要培育一批成熟的运营主体和大量的电商运营人才，在 2020 年以来疫情防控常态化形势下的实践表明，消费扶贫已经与电商扶贫紧密结合在一起，通过"互联网+"助力消费扶贫前景十分广阔。

第四，要完善促进消费扶贫可持续发展的政策保障。关于消费扶贫，从中央到各有关部门乃至各级各地政府，已经出台了一系列文件，但大都着眼于确保之前精准脱贫目标的如期实现，加上政策的连贯性不足，出现了一旦目标实现以后容易产生松口气的现象。为此，我们需要将各项政策统筹协调，保持政策的连续性、稳定性，对原贫困户要"扶上马、送一程"，确保"真脱贫、不返贫"，持续巩固和提升脱贫攻坚成果。"十四五"时期政策的制定上要着眼于更长远的目标，要通过全面总结过往实践，为未来减少相对贫困地区和人口数量积累经验，而在下一步以相对贫困为重点的扶贫行动中，消费扶贫仍然会是一种行之有效的形式。消费扶贫是城乡融合发展的有效机制，是推动扶贫协作从输血式扶贫转为造血式扶贫的创新实践，在政策上要帮助原贫困地区改造生产链、畅通流通链、提升价值链，消除消费扶贫的痛点、难点和堵点，在深层次上推进农业供给侧结构性改革，引导面向原贫困地区的旅游消费、文化消费和服务消费，让消费扶贫变成乡村振兴稳定可持续的长效机制。

参考文献

［1］中央出台网络扶贫行动计划　五大工程精准发力[OL].(2016-07-27).人民网.

［2］郁静娴,胡婧怡,闫旭.消费扶贫：对接需求现双赢（民生视线）[OL].(2020-04-17).人民网.

［3］学而时习工作室."产业扶贫是最直接、最有效的办法"——习近平论产业扶贫[OL].(2020-06-24).求是网.

第二章

繁荣乡村

　　全面建设社会主义现代化国家，既要建设繁华的城市，也要建设繁荣的农村。在持续推进巩固拓展脱贫攻坚成果同乡村振兴有效衔接的过程中，应科学探究脱贫地区创新发展路径、准确把握全面推进乡村振兴的关键问题、切实找准乡村产业振兴的发力点和突破口，全力为乡村繁荣建设赋能添力。

全面推进乡村振兴的四个关键问题

唐丽霞

中国农业大学人文与发展学院教授

经过全党全国各族人民共同努力，我国脱贫攻坚战取得了全面胜利，现行标准下9899万农村贫困人口全部脱贫，832个贫困县全部摘帽，12.8万个贫困村全部出列。"十四五"时期，"三农"工作重心转向全面推进乡村振兴。2021年12月25日至26日召开的中央农村工作会议讨论了《中共中央 国务院关于做好2022年全面推进乡村振兴重点工作的意见（讨论稿）》，明确提出"强化乡村振兴要素保障"。当前，全面推进乡村振兴需要正确认识四个方面的问题。

▶ 正确认识我国城乡关系的变化，在城乡融合的背景下考虑乡村振兴的实现路径

党的十九大报告提出"建立健全城乡融合发展体制机制和政策体系，加

快推进农业农村现代化",这标志着从 2002 年开始我国调整城乡关系的政策从统筹城乡发展、促进城乡发展一体化到构建新型城乡关系、促进城乡融合发展的转变。统筹城乡发展和城乡发展一体化的核心还是侧重城市发展,以城市发展带动乡村发展;而城乡融合发展则是将农村作为与城市同等重要的有机体,实现城乡之间资源要素的自由流动,从而改变长期以来各种发展资源大部分流向城市的现状。2018 年的中央一号文件则为城乡融合发展进程作了明确的阶段性划分,提出到 2020 年初步建立城乡融合发展体制机制,到 2035 年城乡融合发展体制机制更加完善,到 2050 年,乡村全面振兴。2019 年 5 月,中共中央、国务院发布了《关于建立健全城乡融合发展体制机制和政策体系的意见》,提出以完善产权制度和要素市场化配置为重点,坚决破除体制机制弊端,促进城乡要素自由流动、平等交换和公共资源合理配置。这些政策文件的出台意味着目前在推进乡村振兴战略时要考虑到城乡融合发展的时代背景,在构建新型城乡关系的基础上思考乡村振兴的实现路径和方法。

在城乡融合背景下考虑乡村振兴战略实施路径的核心,是要把发展要素从农村向城市单向流动转变为发展要素在城乡之间双向流动,尤其是要促进发展资源,包括市场、资金、人才、管理等发展要素从城市向乡村流动,这就要求乡村建设不仅需要考虑如何缩小城乡在基础设施和公共服务上的差距,还需要从能够吸引发展要素向乡村流动的角度提供相应的配套政策和措施。乡村振兴战略的推进面临庞大的资金缺口,仅仅依靠财政、村集体和个人难以实现,吸引社会资本投资乡村就变得格外重要。早在 2019 年国务院印发的《关于促进乡村产业振兴的指导意见》中就专门提出要"有序引导工商资本下乡",目前社会资本投向乡村振兴仍然不是十分积极。这一方面由于政府在土地、财政、税收等各方面的支持政策不够明朗，支持社会资本下乡的力度不够，无法打消社会资本的顾虑；另一方面因为农业投资回报收益不明晰、投资风险高等因素约束了社会资本的投资热情。因此，在城乡融合背景下，如何鼓励和吸引更多的社会资本投向乡村振兴，还需要从政策和金融等方面提供明确具体的配套。另外，还要避免出现资本下乡方式的单一化，也就是目前各地普遍采用土地或者其他乡村发展资源流转的方式，而村集体和农民的收益主要来源于租金，虽然有资本下乡，但是并未形成村庄和农民的发展动力，导致后续发展能力不足。

乡村振兴目前面临的一个更大挑战是人才不足，促进人才的双向互动也格外重要。虽然大学生村官、驻村工作队以及驻村第一书记等方式能够在一定程度上解决乡村人才不足问题，但是这些人才中的一部分进入乡村开展工作的最终目标是为了离开乡村。当前很多城市通过落户、住房、财政、公共服务等多种方式吸引人才，但如何吸引人才下乡仍然没有推出太多具体措施。一些政策更多聚焦于吸引人才返乡，而非人才下乡，从而限制了人才的范围，人才下乡还面临着政策和条件的双重制约。在推进乡村振兴战略中，乡村如何吸引人才、如何留住人才，改变乡村人才向城市单向流动的趋势，是非常关键的。目前，在一些地方开始探讨实施"乡村 CEO 计划"，即聘请专业人才来经营乡村集体资产，壮大村集体经济，这些尝试为解决乡村振兴面临的人才问题起到了探索性的作用。

乡村和城市是一个有机的整体，其关系是连续的。当前城市发展面临很多挑战，尤其是城市空间的有限性约束了一些功能的发挥，城市的一些业态可以考虑向乡村转移。从公共服务产业化发展的角度来看，在乡村旅游发展的基础上，将会议、养老、团建、研学、培训等带有公共服务性质的业态作为乡村发展的新产业，从而拓宽乡村产业发展的思路，通过产业转移，使城乡之间的关系更加紧密，为乡村建设和公共服务体系的完善提供可持续的资金和建设标准。总而言之，在城乡融合的背景下实现乡村振兴的有效路径之一就是要考虑如何将城市发展动能转化为乡村发展动能，促进发展要素在城乡之间的互动。

▶▶ 正确认识乡村社会本身正在转型，在理解乡村社会新特点的前提下谋划乡村振兴的定位

长期以来，中国的乡村社会被认为是相对封闭的、人员身份比较单一和同质性的乡土社会。但是随着城市化进程的加快，政府不断调整面向农业和农村的政策，尤其是城乡户籍制度、土地制度、社会治理等方面政策的变化，以及乡村社会本身的不断发展变化，都在推动着乡村的功能从承担附属功能向核心功能转变，农业从发挥农产品保障供应功能向具有多元复合功能转变。具体来说，在当前城乡融合背景下乡村社会呈现出四个方面的新特点。

第一，乡村的居住人口结构变得复杂多样，不同身份性质人口的权利以及和村集体的联结关系差异大。从集体产权制度改革来看，乡村人口可以分为集体经济组织成员和非集体经济组织成员，集体经济组织成员身份体现的是农户经济权利的实现，尤其是村集体资产管理盘活或村集体经济壮大所产生收益分配的最直接依据，也是获得土地承包权的最重要的支撑，和乡村集体的经济联系最为紧密。从户籍制度来看，乡村人口可以分为有本村户籍人口和无本村户籍人口，无本村户籍人口中包括曾经相当长一段时间内存在的

蓝印户口[①]或农转非户口,这些人口虽然没有本村户籍,但在很多地方还是村集体经济组织成员,此外还有无本村户籍同时也不是集体经济组织成员的人口。因此,村庄中的人口可以分为拥有本村户籍的集体经济组织成员、没有本村户籍的集体经济组织成员、有本村户籍但无集体经济组织成员资格人口、无本村户籍也无集体经济组织成员资格人口四类。随着城市化进程的加快,这些人口的居住空间也不仅仅局限于村庄,相当一部分人口居住在乡镇、县城等其他区域,其生产和生活又和村庄是割裂的。此外,随着农村宅基地"三权分置"改革的推进,越来越多的城市居民通过租赁房屋的方式在乡村居住,成为新村民,虽然这部分村民不是村集体经济组织成员,但是他们生活在乡村,和村庄的社会联结非常紧密。越来越多的农村人口向城市流动,城市人口向农村迁移,从而使得人口结构上城乡之间的联结变得越来越紧密。

第二,乡村的业态结构发生变化。乡村旅游、休闲度假、研学考察、培训会议等第三产业的发展已经成为东部沿海发达地区乡村振兴的主导产业,电商等新技术和市场渠道对农业从满足自我消费为主向市场导向转型发挥了决定性的作用,新型经营主体的不断出现和壮大也使得农业朝着市场导向发展,从而不可避免地促使农业生产体系的重构。乡村业态结构的变化催化了乡村人口就业、收入等结构性调整,也带来了乡村建设内容和标准的变化,在推进乡村振兴战略时,必须考虑到农村新业态的培育和发展所带来的新要求。

第三,乡村社会治理内容和结构也在发生变化,乡村的政治治理、经

---

① 蓝印户口:是一种介于正式户口与暂住户口之间的户籍,因公安机关加盖的蓝色印章,而被称为蓝印户口。——编者注

济治理和社会治理的内容都在不断增多，村干部结构变化以及逐步走向职业化，国家治理结构也在不断向乡村延伸，乡村社会变得更加开放。

第四，随着城乡基础设施和公共服务一体化发展的逐步深化，依托乡村自我管理的乡村公共服务设施的维护已经无法继续运行，乡村已经无法承载日益增多的基础设施维护成本和公共服务供给，农民的需求越来越朝着市民化的方向发展。

这些变化充分说明了乡村已经不再是过去那个相对封闭的空间，而是充满了开放性，这也要求乡村振兴的定位要考虑到乡村社会的变化和转型以及乡村人口结构的变化，这种变化不仅仅是推进城市化所造成的"空心化"，更要考虑到乡村人口身份和权利结构的变化；要考虑到乡村新业态培育和产业发展本身转型升级的需求；考虑到乡村社会基础设施和公共服务扩大化后的可持续运营和维护等。

▶ 正确认识乡村发展资源及其转化，合理谋划乡村振兴的实现方案

很多地方在谈到乡村振兴时，往往都会提到乡村振兴战略的推进缺乏资金、土地、资源、产业，但在当前生态环境保护、耕地保护、控制耕地非粮化以及各种建设用地指标的严格管理下，乡村振兴的建设用地指标扩大在短期内难以突破。与此同时，随着农村"空心化"问题日益严重，很多村庄存在大量的闲置宅基地，包括农户的闲置住宅以及生产性用房等。这些房屋因为长期没有人居住，有的已经成为危房，有的因为早期缺乏有序规划，影

响村中公用设施的建设和维护等，村庄之中新旧房屋混杂，极大影响了村庄整体环境的提升。因此在实施乡村振兴战略中，在土地资源的供给上，应该优先考虑如何盘活村庄中的资源存量，包括闲置宅基地资源以及通过农村集体产权制度改革核查清晰的集体建设用地等。目前闲置宅基地的盘活已经有了很多实践探索，包括聚焦于"闲置宅基地利用模式"，如江苏周庄特色田园乡村发展的节地模式、上海"睦邻四堂间"模式等，欠发达地区偏向"宅基地自愿有偿退出机制"，具有代表性的有安徽金寨县"货币+宅基地"退出模式、宁夏平罗县"收储式"退出和江西余江县"村民自治"模式等。这些都为实施乡村振兴战略中如何盘活闲置宅基地资源提供了有益的借鉴和参考。盘活村庄闲置宅基地除了能够解决乡村振兴中面临的土地困境，更重要的是通过资源盘活，还能大大提升村庄整体环境，为村庄建设奠定基础。另外通过闲置资源的盘活也能够壮大村集体经济，增加农民收入，也为村庄培育新业态奠定了基础。

虽然很多乡村都出现了人口空心化和结构不合理的情况，但是乡村仍然还有本土人才可以挖掘。在资金上，应考虑如何调动村民参与和投入的热情以及如何发挥村集体经济的优势等，充分挖掘村庄的各种资源，将其转化成村庄发展动能。此外，除了常规的资源，还可以考虑村庄发展的其他非常规的资源，如区位资源，重庆武隆县由于海拔相对较高，气候凉爽，一些村庄借势发展避暑养老和度假产业；生态资源良好的地方，配套相应的基础设施和公共服务，充分考虑将生态资源转化为发展条件，探索将公共服务产业化的路径；一些地方还可以考虑利用村庄的形态、传统民居、村庄的布局，尝试将村庄整体按照村庄博物馆或者开放的研学场所等去打造。

正确认识脱贫攻坚和乡村振兴的不同，在巩固拓展脱贫攻坚成果的前提下有序开展乡村振兴示范

乡村振兴和脱贫攻坚两项工作从工作对象、目标任务、参与主体、工作路径等方面都存在不同，要正确认识和理解这些差异，才能更好地实现从打赢脱贫攻坚战到全面推进乡村振兴的有效衔接。

首先，从工作对象来看，脱贫攻坚阶段主要聚焦于贫困县、贫困村和贫户人口，虽然数量不少，但是仍然是特定区域和特定人群，并且这些区域和人口在特征上具有相对较高的同质性，面临的问题也具有同质性。乡村振兴战略是统领农村、农业和农民全面发展的整体性战略，工作对象覆盖了全部地区和农村人口，全国有 50 多万个村庄（社区），由于地理区位、资源禀赋、经济状况、产业结构、人口结构等方面差异性较大，每个村庄发展面临的机遇、挑战和困境也不同，农村人口内部的结构分化也十分明显。由此可见，与脱贫攻坚相比，乡村振兴的工作对象不仅范围更广、规模更大，更重要的是工作对象的异质性非常强。

其次，从目标任务来看，脱贫攻坚的目标非常明确，即到 2020 年，稳定实现农村贫困人口不愁吃、不愁穿，义务教育、基本医疗和住房安全有保障，实现贫困地区农民人均可支配收入增长幅度高于全国平均水平，基本公共服务主要领域指标接近全国平均水平。而乡村振兴无论是从"产业振兴、人才振兴、生态振兴、文化振兴、组织振兴"，还是"产业兴旺、生态宜居、乡风文明、治理有效、生活富裕"，抑或是"农业强、农村美、农民富"来看，其目标不仅涵盖内容广，并且难以量化，因此一些地方政府工作人员表示很难找到乡村振兴的切入点。

再次，从参与主体来看，政府部门是脱贫攻坚的主体，因此各个地方成立了以政府各职能部门构成为主的指挥部，并选派驻村工作队和第一书记，资金上很大部分来源于财政资金，因此，行政手段和财政资源是打赢脱贫攻坚战的主要依托。乡村振兴涉及方方面面，尤其是产业振兴，产业发展需要市场、金融、农民等其他政府之外的主体发挥更重要的作用，庞大的资金需求很难通过财政资金来满足。因此，在乡村振兴中如何调动不同主体和不同资源的参与积极性是非常关键的，尤其是如何动员农民参与、如何鼓励市场主体和社会资源的进入以及如何发挥金融工具作用。

最后，从工作路径来看，脱贫攻坚阶段，贫困人口由于面临的发展问题相似，目标一致，因此采取的工作路径也是相似的。各个地方按照中央提出的"五个一批"和"十大工程"基本上能取得良好的扶贫成效，因此在不同地区，扶贫的组织形式、扶贫干部的动员方式、扶贫资金的投向和使用方式以及扶贫项目的运行管理等大同小异。但是乡村振兴则不同，一个地区难以复制其他地区的成功模式，因此全国才出现了包括村集体带动模式、村集体+社会资本共同撬动模式、外部资金撬动模式在内的多种多样的开发类型，包括精品民宿模式、田园综合体模式、传统文化复兴模式和特色电商模式在内的产业类型，包括三变模式和综合发展模式的运营类型等三大类型九大模式，很多地方组织学习考察团到被作为乡村振兴典型范例的村庄考察，往往会出现"学习时心情澎湃，回来后无从下手"的局面。

只有正确认识和理解脱贫攻坚和乡村振兴两项工作的具体差别，才能更好地调整组织架构、设置目标、选择路径、出台配套政策等，以满足乡村振兴战略的新要求。但同时还需要注意的是，很多地方脱贫攻坚成果还比较脆弱，如脱贫标准不高，返贫风险大；政策干预作用强，市场机制作用弱，扶贫产业还未形成市场竞争力；基础设施和公共服务的后续管理面临可持续困境以及如何实现扶贫资产的有效利用等，一些地方不仅要开始谋划乡村振兴，还要继续巩固拓展脱贫攻坚成果。

参考文献

［1］杨旸．乡村人才是乡村振兴的重要力量[J].人民论坛，2021(16).

［2］李增元,李洪强．封闭集体产权到开放集体产权：治理现代化中的农民自由及权利保障[J].南京农业大学学报（社会科学版）,2016(02).

［3］姜德波,彭程．城市化进程中的乡村衰落现象：成因及治理——"乡村振兴战略"实施视角的分析[J].南京审计大学学报,2018(01).

脱贫地区创新发展路径研究——以5年过渡期支持政策为重点

郑有贵

中国社会科学院当代中国研究所经济史研究室主任、研究员,中国社会科学院大学教授

贫困地区和贫困户实现脱贫,意味着贫困治理工作进入新的发展起点,脱贫地区的后续发展面临的问题发生变化。巩固拓展脱贫攻坚成果同乡村振兴有效衔接,要完整、准确、全面贯彻新发展理念,在根本宗旨、问题导向、忧患意识等方面把握新发展理念,坚持以人民为中心的发展思想,创新发展路径,着重以协调发展理念引领破解脱贫地区发展不平衡不充分问题,以创新发展理念指导增强脱贫地区内生发展动力,促进脱贫地区经济社会全面发展,进而全面推进脱贫地区乡村振兴。

以新发展理念为引领,基于脱贫地区新的发展目标及发展中所面临困难与问题的变化,用好从脱贫之日起5年过渡期主要帮扶政策总体保持稳定的

机遇，因地制宜，对脱贫地区支持政策进行精准优化调整完善，将精准扶贫的差异性支持逐步向普惠性支持过渡，实现由集中资源消灭绝对贫困向全面推进乡村振兴过渡，以促进脱贫地区乡村经济社会全面发展能力的提升。其中至关重要的是，要更加注重增强县域经济辐射带动乡村振兴能力的提升，更加注重促进集体经济发展壮大进而提升乡村经济社会全面发展能力，更加注重发挥党支部在保障共享发展政策目标实现中的作用。

▶ 更加注重以县域经济发展壮大辐射带动乡村振兴能力的提升

若县域经济发展不好，则乡村振兴进程缓慢；若不加快推进乡村产业振兴与县域内城乡融合，则脱贫攻坚成果巩固和乡村振兴的能力提升将大受影响。在脱贫攻坚期间，贫困县在工作布局、财力支持等方面向"点"上的建档立卡户倾斜，集中资源帮助贫困户解决"两不愁三保障"难题。在"点"上的贫困户脱贫后，支持政策向普惠性过渡是必然选择。其中，普惠性支持政策的实现路径之一是发展壮大县域经济，促进县域内城乡融合发展，进而以县域经济发展壮大辐射带动乡村振兴能力的提升。

第一，解决制约县域经济发展壮大的瓶颈，提高县域资源聚集力和经济发展能力。脱贫县经济能否发展壮大，取决于脱贫地区资源聚集力是否提高。交通等基础设施水平偏低是束缚脱贫地区资源聚集力增强的一个重要瓶颈。当前，深度贫困地区已修建好通村通户的"天路"，类似基础设施的改善，一定程度上解决了农村交通不畅等问题，打开了农民生产生活的希望之门。但总体而言，脱贫地区交通等基础设施水平仍不高，严重约束了其县域经济的进一步发展，主要表现在两方面。一是特色产业规模化发展受到限制。一些脱贫县在不通高铁、没有高速公路的情况下，其特色农产品运输时间长、成本高，致使其竞争力大受影响。在这种情况下，优质原生态特色农产品一般只能在当地销售，走不出"小打小闹"的发展格局。加之脱贫地区自然条件恶劣，产业发展基础极为脆弱，一场霜冻、一场大雨，都有可能让农民的劳作成果化为泡影，挫伤其农产品规模化生产的积极性。同时，不利于引入外地大型企业参与特色产业开发，特色农业难以形成一定的发展规模。二是产业链的延伸和一、二、三产业融合发展受到制约。一些深度贫困地区，以绿水青山为底色的旅游资源极为丰富。以四川省凉山彝族自治州雷波县为例，当地有多彩的彝族文化，还有绵延135千米的金沙江峡谷风光，有高山湖泊——马湖，有盘旋逶迤的"天路"。近年来，该县积极促进农旅融合发展，取得了一些成效，但由于不通高铁、没有高速公路，游客数量少，发展还很不充分。当地某些企业家已开始提前谋划农旅融合发展、做前期基础性准备，就待交通基础设施进一步完善后实现大发展。当然，不同地区影响县域经济的因素有所不同，因此要因地制宜，找准过渡期需要优先解决的瓶颈。

第二，促进乡村产业振兴与县域内城乡融合发展，提高农民安居乐业的能力。在国家强大财政支持下，原贫困地区实现大规模易地扶贫搬迁。自对贫困户建档立卡以来，全国易地扶贫搬迁的建档立卡户数量为207.7万户[1]。能搬迁，还要能就业，这样安居乐业才有基础。异地扶贫搬迁后，政府面临较大数量的劳动力就业问题。如果这一问题不能得到很好解决，再加上经济

---

[1] 国家统计局，国家脱贫攻坚普查领导小组办公室.国家脱贫攻坚普查公报（第三号）——国家贫困县建档立卡户享受帮扶政策情况[R].(2021-02-26).新华社.

发展滞缓而影响公共服务供给，则会引发诸多社会问题，因此应引起高度重视。在脱贫后的过渡期，应把提高就业能力作为贫困治理重要的政策目标导向，统筹促进县域经济发展壮大与乡村产业振兴、县域内城乡融合发展。

▶ 更加注重发挥农村集体经济促进经济社会全面发展的功能

脱贫地区农村经济社会全面发展的实现离不开集体经济的发展壮大。发展壮大集体经济是党中央一以贯之的政策。然而，对农村集体经济在巩固拓展脱贫攻坚成果同乡村振兴有效衔接中的作用，理论界与实务界存在认识狭义化现象，突出表现是仅片面看到集体经济收入较少，因而认为集体经济的作用不大。在这样的认识误导下，发展壮大集体经济仅停留在一般性号召，满足于完成脱贫攻坚中规定的集体经济收入指标任务，满足于"搭乘"所引进龙头企业之"船"，跟随别人的发展，不注重解决集体经济发展中遇到的困难，忽视对拓展集体经济发展路径的探索与创新。

农村集体经济在巩固拓展脱贫攻坚成果同乡村振兴有效衔接中的作用，不仅体现在集体经济收入和脱贫户从中获得的集体分红，更重要的是通过农村集体经济组织这一载体，促进脱贫乡村和农户自主发展能力的提升，促进乡村经济社会全面协调发展。其中，较为突出的作用表现在促进龙头企业与农户的有效联结，实现产业发展和农民增收，统筹村域经济社会发展，保障国家财政支持资金所有形成资产不流失，以及促进乡村经济社会全面协调发展等方面。

第一，促进龙头企业与农户有效联结，实现产业发展和农民增收。帮扶脱贫地区产业发展走的是普惠性支持路径。无论是过去的贫困地区，还是现在的脱贫地区，由于其普遍地处老少边穷地区，交通不便，产业技术水平不高，经营能力弱，开发新产业始终是其发展的一个难点。即便是有志参与脱贫地区产业开发的企业，在产业开发中也面临诸多困境。其中一个难题是，如何与农户开展有效合作，以实现既满足企业进行产业开发中土地使用等的需求，又能让农民严格按新技术及其规程生产出高质量产品，同时能避免合作不稳定等经营风险。一些贫困地区在农村集体难以独立带动贫困户发展产业的情况下，将多方面的支持资金整合投资到村集体，村集体一方面将其入股龙头企业，另一方面发展股份合作经济，将其作为股份量化到农户。

通过农村集体经济组织这个纽带，把龙头企业与农户有效联结，形成龙头企业、集体、农民相互促进和共享发展成果的机制。首先，这有利于解决龙头企业开发产业项目的资金问题。脱贫地区所引进的龙头企业不仅要研发适用于当地自然条件的新技术，还面临产业开发所需资金短缺的问题。农村集体经济组织利用多方面支持资金入股龙头企业可有效解决上述问题。其次，发挥农村集体经济组织与农民关系紧密，并能有效动员的优势，促进龙头企业与农户在建设生产基地上有效对接，既解决了小农户在生产技术、销售等方面遇到的问题，又减少了龙头企业与农户合作的不稳定风险，从而有利于实现可持续发展和持续增收。同时，通过集体与龙头企业、集体与农户的股权联结，有利于完善共享发展成果的利益联结机制，使其合作更加紧密，也有利于增强合作的稳定性。再次，这样的合作过程是集体经济的股份合作制改造过程、集体资产保值增值过程、集体经济治理机制完善过程、集体经济发展壮大过程，既有利于农村集体经济组织统筹和积累机制的完善，也有利于其作用的更好发挥。最后，农村集体经济组织在联结龙头企业与农户上起着枢纽作用，能有效减少产业链联结成本，有利于实现产业兴、农民富、企业发展、集体发展的统一。

第二，促进村域资源统筹配置，进而更充分利用资源和提升整体价值。脱贫村发挥集体统筹和积累作用，既有制度基础，也有政策机遇。制度基础是农村土地为集体所有，并实行统分结合的双层经营。政策机遇是有国家财政支持、对口地区和单位支持等资金。从脱贫攻坚实践看，党支部领导发展集体经济的村，都能以脱贫致富为目标，统筹利用国家财政、对口支援等多方面支持资金，统筹村域内产业发展规划及其资源配置，通过集体经济的带动作用，统筹山水林田湖草海沙冰系统治理并打造生态共同体，实行短、中、长见效产业结合，促进一、二、三产业融合发展。集体统筹资源开发利用，改变一家一户各自发展的格局，可以避免单一市场主体各自发展，资源开发利用不到位、浪费，环境破坏，以及偏重短期增收而不重视长远发展等问题，有利于更充分利用资源和提升整体价值，进而拓展发展空间。例如，四川省凉山彝族自治州雷波县的甲谷村就是通过统筹资源开发利用，实施退耕还林，在产业发展上长短结合、种养结合，铺就生态发展底色，让绿水青山变成金山银山。以此为基础，该村在较短时间内实现了由贫困村向乡村振兴示范村的转变。

第三，促进乡村经济社会全面协调发展。乡村振兴不仅是产业兴旺和经济发展，还是经济、政治、文化、社会、生态的全面发展。农村集体经济组织有其他经济组织所不具有的功能，在党支部领导下，不仅可促进经济发展，还可促进社会发展，促进经济社会协调发展。[1] 在脱贫攻坚中，不少党支部基于集体统筹和积累机制，把实施扶贫项目与发展集体经济统筹起来，

---

[1] 郑有贵.构建内生发展能力强的农村社区集体行动理论——基于发达村与空心村社区集体积累和统筹机制的探讨[J].马克思主义研究,2017(12).

并以此为基础，扎实开展农村基础设施建设，实施环境整治，发展农村教育、医疗，培养本村本土人才，进而促进经济与社会协调发展，改善了农民生产生活条件，提升了农民人文素质，使农村形成崇尚新风、充满活力、和谐有序的新风尚。基于集体经济的发展，党支部领导促进农村经济社会全面协调发展，这是中国乡村治理的特色和优势，是中国创造世所罕见的经济快速发展奇迹和社会长期稳定奇迹不可或缺的支撑因素之一。

促进农村集体经济由"搭船"发展向"造船"发展的转型。脱贫地区农村集体经济组织缺乏发展大规模商品经济的历史基础和经营能力，自主发展能力弱，带动农户发展能力弱，促进共同致富和乡村振兴的功能发挥不充分。脱贫地区在脱贫攻坚期间，在农村集体经济组织及农户一般难以用多方支持资金独立开发产业的情况下，必然选择将其入股到所引进的龙头企业。这种类似"搭船"发展的做法，促进了产业发展，也促进了脱贫。但是，无论是农民还是集体，在这种跟随发展方式中，自主发展能力还很不充分。在实现脱贫后，站在新的发展起点，全面推进乡村振兴，应在"搭船"发展过程中，实现自我积累和发展能力的提升，以此为基础，逐步向自己"造船"发展过渡。从实现这一发展目标出发，国家除尽快出台农村集体经济组织相关法律和实施相应支持政策外，还需要对已有政策进行优化，主要有以下四点：

第一，对有条件"造船"发展的村，在实施支持产业发展项目时，给予政策支持，着力促进其集体统筹资源开发利用和逐步积累滚雪球发展，逐步增强其集体经济的凝聚力和内生发展能力，并将其作为做实做强集体经济的范本。

第二，选派驻村干部时，除坚持原有高标准遴选外，还要有意识地从多方面遴选具有较强经营能力的人才，为集体经济发展提供经营人才支撑，以提升领导发展集体经济的能力。

第三，创新集体经济用人机制，以聘请职业经理的方式，鼓励聘用回乡下乡人才到农村集体经济组织创业。在优化针对脱贫地区的帮村政策时，要针对农村集体经济组织经营人才严重缺乏的问题，打破完全由村干部直接经营集体经济的模式，探索实行职业经理聘用制度，广纳经营人才。同时，打破缺乏激励的吃"大锅饭"的用人机制，给予职业经理与其能力和贡献相符的报酬，构建富有激励作用的新的集体经济用人机制，激励人才为发展壮大集体经济作贡献。

第四，探索强化党支部勇于担当发展壮大集体经济责任的支持政策。村党支部与集体经济存在"两张皮"现象，不少村党支部没有把发展集体经济作为发挥战斗堡垒作用的基础和重要抓手，而只是以参与方之一的身份，将集体资产入股到龙头企业、农民专业合作社中，"搭"龙头企业、农民专业合作社的"船"跟随发展。在优化帮村政策时，应探索实行支持村级基层党组织发展集体经济的政策，进而因地制宜探索形成村级基层党组织在乡村振兴主战场上发挥引擎作用的实现形式和机制。

▶ 更加注重发挥党支部保障共享发展政策目标更好实现的作用

发挥党支部领导农村集体经济发展和促进农民专业合作社更好实现互助互利发展政策目标的作用，应完善党支部领导的治理结构。党支部在脱贫攻坚成果同乡村振兴有效衔接中发挥战斗堡垒作用，不仅要倡导"党支部＋合作社"模式，更要加强党支部对发展集体经济的领导。当前，有一个认识误区需要厘清，党支部领导发展集体经济与"党支部＋合作社"其实是两种发展路径。一些地方把党支部领导发展集体经济混淆为"党支部＋合作社"。把农村集体经济组织办成农民专业合作社，这是农村集体经济难以发展壮大的原因之一。农村集体经济组织不同于农民专业合作社，它以土地集体所有制为基础，实行以家庭承包经营为基础、统分统合的双层经营，在产权制度改革过程中实行股份合作改造后，有的被称作社区股份合作社或社区经济合作社。厘清认识误区，并将混淆二者的做法进行校正，既有利于形成党支部领导下农村集体经济发展壮大的治理机制，又有利于因地制宜实行"党支部＋合作社"而更好地实现互助互利的政策目标。

厘清党支部领导发展集体经济与"党支部＋合作社"的发展思路。21世纪初，一些地方总结发挥党支部通过促进农民专业合作社发展而带领农民致富的实践经验，将其概括为"党支部＋合作社＋农户"的农业组织化模式。此模式促进了农业发展和农民增收，因此很快被推广到全国。对于这种模式，一方面应当继续予以提倡；另一方面也应认识到党支部领导发展集体经济与"党支部＋合作社"是两种发展思路，不能将两者混淆。强调不能混淆，不是否定"党支部＋合作社＋农户"的农业组织化模式，而是应认清农村有集体经济组织和农民专业合作社等多种经济组织，因此两者是不同的发展思路。廓清认识既有利于分类精准施策，促进农村集体经济发展壮大；又有利于因地制宜，实行"党支部＋合作社"以促进合作经济的发展。

把党支部领导发展村集体经济混淆为"党支部＋合作社"，将集体经济组织办成农民专业合作社，会引发一些问题：一是不利于农村集体经济的发展壮大。一旦形成把村集体经济组织办成农民专业合作社的惯性思维，实际上就会忽视农村集体经济的发展。同时，用《中华人民共和国农民专业合作社法》规范有着不同于农民专业合作社运作特性的农村集体经济组织，不利于集体经济组织治理机制的完善，同时还会影响集体经济的发展壮大。二是不利于保障农村集体经济组织成员的权益。农村集体经济组织成员与农民专业合作社成员不同，农民专业合作社难以包括集体经济组织的全部成员，有的甚至只包括其中很小一部分。在这种情况下，将集体经济组织按专业合作社进行登记运行，会导致没有参加农民专业合作社的集体经济组织成员的权益被农民专业合作社成员分享，从而不利于其权益的保障。三是不利于完善乡村治理结构。农村有集体经济组织和农民专业合作社等多种经济组织，若只实行"党支部＋合作社"模式，实际上存在党建工作的缺位。在集体经济组织成员覆盖全村社区的情况下，这种缺位将造成一些矛盾。四是不利于实现农业强、农村美、农民富的乡村振兴远景目标。全面推进乡村振兴，需要农村集体经济组织与农民专业合作社共同发展。同时，两者功能有一些差异，互为补充。农民专业合作社主要是解决小规模农户生产经营面临的难题，而农村集体经济组织不仅要保障集体资产的保值增值，还要保障农民的集体权益，通过集体统筹和积累增强内生发展能力，促进社区经济社会全面协调发展，进而实现脱贫地区"产业兴旺、生态宜居、乡风文明、治理有效、生活富裕"。如果把党支部领导发展集体经济混淆为"党支部＋合作社"，把农村集体经济组织办成农民专业合作社，将影响乡村经济社会全面协调发展能力的进一步提升。

一些地方农村单纯发展"党支部＋合作社＋农户"的农业组织化模式，将村集体经济组织也冠名和登记为"农民专业合作社"，并采取"党支部＋合作社"的做法。造成这种现象的原因，除了没有认识到农村集体经济组织与农民专业合作社有所区别，还与现行法律体系有关。在现行法律体系下，一些地方为了解决农村集体经济组织经营中的一些问题，不得不将农村集体经济组织登记为农民专业合作社。因此，为了促进农村集体经济的发展壮大，应抓紧制定有关农村集体经济组织的法律。

完善党支部领导农村集体经济发展壮大的治理机制。进入新时代，以习近平同志为核心的党中央高度重视发展壮大农村集体经济，积极探索农村集体所有制有效实现形式，建立归属清晰、权能完整、流转顺畅、保护严格的农村集体产权制度，推进资源变资产、资金变股金、农民变股东等改革，特别是在脱贫攻坚中将扶贫资金整合到集体经济组织，使集体经济活力和实力增强。

更加坚定和更加鲜明地促进农村集体经济发展壮大，应构建和完善党支部领导农村集体经济发展壮大的治理机制。农村集体经济组织不同于农民专业合作社，它是农村集体事业的重要组成部分，关系农村社区经济社会事业发展和农民的利益，不能以"党支部+"的方式进行治理，更不应该以"党支部+合作社"替代党支部领导发展农村集体经济，而是应该由党支部担负起促进集体经济发展的领导责任。一般通过民主方式选举村集体经济组织负责人，实现村党支部书记与村集体经济组织负责人的耦合，进而保障村党支部对农村集体经济组织的有效领导，[1]也保障农村集体经济组织的市场主体地位。村党支部负责人与集体经济组织负责人耦合是中国特色的乡村治理结构。在加强党对发展村集体经济领导的同时，还要保障农民的主体地位，建立健全农村集体经济组织的成员大会、理事会、监事会。

完善"党支部+合作社"治理模式，更好实现党和国家发展合作社的政

---

[1] 郑有贵.重构"三驾马车"的乡村治理结构——基于历史与现实结合视角的探讨[J].农村经营管理,2013(01).

策目标。在家庭承包经营基础上，根据自愿互利原则发展起来的农民专业合作社，在解决小农户生产经营困难中发挥着重要的作用，是实现小农户和现代农业发展有机结合的重要路径之一。

"党支部＋合作社"是基于中国国情的选择。农民专业合作社是独立的市场主体，应当独立经营。同时，也应当认识到农民专业合作社的特殊性。一是其仍处于发展初期，规模小，发展能力弱，需要国家对其给予政策支持。二是农民专业合作社的成员中有领办大户，还有众多生产经营规模较小的农户。有的合作社运营不规范，有的领办大户甚至暗箱操作，这就造成不仅全体成员不能充分共享发展成果，而且即便是国家拨给的支持合作社发展的资金也可能只由少数人分享。"党支部＋合作社"与农民专业合作社的属性及现状相适应，因而行之有效，有助于更好地实现党和国家发展合作社的政策目标，因此在实践中应加以坚持。

倡导构建和完善"党支部＋合作社"的治理模式，一个重要目标就是要使国家支持农民专业合作社发展的政策能更充分地惠及合作社全体成员。"党支部＋合作社"的具体实现形式应从实际出发，可以由党支部组成人员领办合作社，也可以由党支部成员参加合作社理事会或监事会，还可以在合作社成立党支部，从而发挥党支部促进合作社规范发展的作用，引导、监督国家支持合作社发展的政策更充分地惠及全体成员，进而实现合作社互助合作、共同致富的目标。

综上所述，贯彻新发展理念，要精准优化政策，促进县域经济辐射带动乡村振兴能力的增强；促进集体经济发展壮大，促进有条件的农村集体经济由"搭船"发展向"造船"发展转型，更好地发挥集体经济促进乡村经济社会全面发展的作用；完善基层党组织参与集体经济组织、合作社治理结构，更好发挥党支部在促进共享发展政策目标实现中的作用。通过系统化措施的实施，形成脱贫地区普惠性支持与创新发展路径，这是巩固拓展脱贫攻坚成果同乡村振兴有效衔接的内在要求。

乡村产业振兴的发力点和突破口

王艺明

厦门大学经济学院教授

产业振兴是实现乡村振兴的重要基础。推进乡村产业振兴，要以发展现代农业为重点，坚持质量、绿色、品牌和科技等核心要素，结合农业供给侧结构性改革，构建现代农业产业体系、生产体系、经营体系，推动三个产业融合发展，带动农民增收致富。实现乡村产业振兴应主要把握以下三个方面：首先，振兴乡村产业最重要的是实现农业转型升级。我国目前的农业生产正在从以满足数量型需求为主向注重满足质量型需求转变，走质量兴农之路是实现中国特色社会主义乡村振兴的必由之路。振兴乡村产业需要农业生产向追求质量、精细经营和高端供给的方向转变，实现农业高质量发展，构建现代农业经济体系。其次，振兴乡村产业需要构建增值空间大、辐射带动能力强、促进农民就业和收入增长明显的现代农业经济体系。乡村产业发展要以农业为基础，通过产业化经营建立主体间的利益联结机制，实现要素集聚和技术创新，促进农业产前、产中、产后和休闲服务的有机结合，极大延伸产业链，丰富乡村产业业态，促进城乡经济融合发展。最后，乡村产业振兴不仅体现为产业规模和效益的大幅提升，也体现为产业增长方式的转变。在现阶段，新产业、新业态、新模式已成为农业和乡村经济新的增长点。本文围绕乡村产业振兴的发力点和突破口，从四方面展开论述。

▶ 发展壮大乡村特色优势产业

乡村特色优势产业的发展壮大有助于促进农民增收。应该充分利用当地资源优势，结合历史文化要素，合理开发和利用优势特色资源，推动乡村特色产业发展。打造有鲜明特色和独特优势、市场竞争力强的农业优势区，形成特色产业集群，建设和树立现代农产品品牌，以产业振兴推动县域经济繁荣，培育现代化强镇，打造乡村振兴发展新格局。

第一，做强做精乡土特色优势产业。可以因地制宜发展特色种植和养殖，合理保护和开发地方农产品品种和农业资源，建设农业特色区域和特色农产品基地等，在乡村地区发展以标准化工厂和生产车间为特征的现代化农业，发展特色食品、制造业、手工业、绿色建材等地方产业，合理保护和开发乡村各种文化遗产资源。创新农业生产组织形式，将种植养殖业的发展方向定位为规模化、标准化、品牌化和绿色化，产出绿色优质农产品。

第二，大力发展休闲农业和乡村旅游。发展乡村旅游是乡村发展转型和农民致富的重要渠道。一是要充分利用田园风光、自然生态和资源禀赋优势，建立旅游、文化和生态的融合发展模式，促进农牧渔业、旅游、文化、医疗等产业的共同发展。二是通过乡村旅游使农产品商品化、特色化，打造具有地方特色的旅游品牌，使农特产成为旅游产品；通过电子商务平台，增加农村生态产品的附加值；将农民利益与生产链相结合，支持农村集体经营乡村旅游合作社或旅游企业，对优势项目实行股份制管理，形成大型餐饮、住宿、体验项目。通过农村产权转让、入股获得的租金红利、提供当地产品等方式，促使农民返乡投资乡村旅游建设、分享旅游经济红利。在发展旅游业的同时，还要注意处理好保护与发展的关系，加强生态环境保护。

第三，打造数字化农业。应用互联网、云计算、大数据、物联网技术以及5G网络等先进技术，在农业生产过程中进行智能感知和分析决策，同时由专家进行远程在线指导，建立智能预警系统，从而实现生产精准化和智能辅助决策。一是要在生产领域实现智能化。在种植、畜牧、渔业生产经营环节，在农村工业生产过程环节，在农垦区、现代农业产业园、大型农场生产管理环节，都提高农业生产全程的自动化程度，提高农业生产率。二是通过物联网、云计算、大数据等技术的应用，建立个性化、差异化营销方式。对农资采购、农产品流通等数据进行实时监控和传输，解决信息不对称问题；在主流电商平台上自办基地、自建网站、自销渠道，推进农产品市场化营销和品牌化经营，实现农业产销的订单化、流程化和网络化。数字化农业的发展有利于提高农业生产经营决策水平，增强抵御市场风险能力，节约成本、提高效率，从而提高收益。支持智慧农业发展，从国家层面来说，应全面推进乡村的数字基础设施建设。

第四，大力发展创意农业。创意农业是农业现代化的新视角和新趋势，只有整合创新文化，才能实现农业创新发展。一是运用现代高新技术发展农产品加工业，创新农村服务业，将艺术元素融入科技应用，提高农产品附加值。二是突出文化元素在创意农业发展中的应用，挖掘利用当地农业文化资源，引导创意农业特色发展，提升创意农业的内涵。三是推进农业、旅游、医疗、教育等产业深度融合，对农业产业链进行设计和创新，培育和创造多功能创意农产品，推进创意农业产业化。四是把创意农业发展与美丽乡村建设有机融合，与农业生态建设协调推进，培育一批引人注目的创意农业景观，把绿色的江山变成"金山银山"。五是搭建宣传营销平台，创新农产品营销方式，促进产销衔接、优质优价。

▶ 推进农村第一、第二、第三产业融合，发展多种类型的新业态和新模式

"要聚焦产业促进乡村发展，深入推进农村第一、第二、第三产业融合，大力发展县域富民产业，推进农业农村绿色发展，让农民更多分享产业增值收益。"以农村经济发展为基本依托，以第一产业为基础延伸产业链条，拓展到第二、第三产业，打破第一、第二、第三产业界限，发展新兴业态。产业融合就是推动第一产业向上流动到附加值较高的第二、第三产业，从而形成三个产业交叉互通的新形态。从实物形态看，是发展农业生产、加工、销售、观光、休闲、体验等多种产业；从价值形态看，是通过技术进步和产业融合，增加农村产业收益和农民收入，关键是让农民在产业链延伸、价值链提升中获得更多收益。促进农村第一、第二、第三产业融合发展，就是要培育多种类型的新业态和新模式，通过加快开拓创新、向外延伸拓展的步伐，以新理念、新视角、新举措发展农业新业态，使其成为农村新兴增

长点。

实现多种产业业态的融合，推动农林文旅卫一体化发展，使其成为农业和乡村优先发展、综合发展和高质量转型发展的新动力，成为农民增收的新渠道。具体可以采用以下模式：一是实现农业、旅游和休闲产业融合发展。深入挖掘农村休闲农业发展潜力，推进休闲农场、田园综合体、美丽村庄建设，打造集农耕体验、田园观光、旅游观光于一体的乡村旅游产业。积极建设和申报中国美丽的休闲村和国家休闲农业精品公园，积极举办乡村旅游节，打造旅游市场热点。二是实现农业、文化和旅游业融合发展。推进农业、文化、旅游产业深度融合，深入挖掘农业和乡村文化要素，结合文化创意产业的发展逻辑，发挥创意和创新思维，充分利用科技、人文等要素带动农业和旅游业发展。三是实现农业、康养产业和旅游业融合发展。通过发展绿色、有机和符合生态保护要求的种植养殖业，研发有一定养生、保健功能的健康食品，开发具有农业耕种、食品生产和餐饮行业体验的乡村旅游观光项目，从而建立生态健康食品的完整产业链。四是实现林业、旅游业和康养产业融合发展。依托森林资源，充分发挥森林养生功能，重点发展林业旅游和森林养生产业，将优质林业资源与现代医药产业有机结合，开展一系列有益于人类身心健康的活动，如疗养、保健和休闲等。

以乡村资源禀赋为基础，突出主导产业，构建新型田园综合体，建造宜居宜业的农业特色小镇，打造文创休闲农业园区等一批乡村产业一体化发展示范园区、旅游型民俗村和中医药养生文化园等，形成多方共同参与、集聚多种优势要素、多种业态共同发展的新格局。

▶ 以质量、绿色、品牌和科技四要素实现乡村产业振兴

实施乡村振兴战略的核心任务是以质量、绿色、品牌和科技四要素实现农业振兴。围绕质量、绿色、品牌和科技兴农战略，促进高质量农业发展；增强农业整体转型升级和高质量发展的内在动力，实现乡村可持续发展；发展乡村独具特色的优势产业，打造自有农业品牌，实现中国特色农业现代化。最终目标是逐步建立具有高质量产品、高效率产业、高生产效率、高素质经营者和较强国际竞争力等特征的现代化农业体系。

推进绿色农产品的质量体系建设。加快绿色标准化基地建设，建立健全绿色农产品的生产技术规范和标准体系，从源头上保证农产品质量。一是建立农业标准体系和技术规范：建立农业所需生产资料的质量标准；建立绿色农产品的等级规范和质量评价标准；建立绿色农产品全产业链各个环节，包括原产地初加工、农产品包装标识、田间冷藏、冷链物流和农产品仓储等的标准体系，应用现代工程方法建立农业标准体系，并且把食品安全标准上升到国家等级。二是推广国际先进农业标准，国内外市场的产品提倡"同线同标同质"，协助企业申请农产品国际认证，推动国家间农产品标准互认。三是建立农产品质量安全风险评估、监测预警和应急处置机制。四是建立可追溯的农产品质量安全监管系统。按照"互联网＋农产品质量安全"理念，利用互联网、大数据、云计算、智能手机等新信息技术手段推动智能监管，建立产品追溯管理信息平台。

打造农业品牌。高质量农业发展必须以品牌建设为先导，从顶层设计到各环节进行系统部署和推进，通过品牌建设形成产业优势和市场优势；加大农产品品牌推广力度，推动区域公共品牌、企业品牌、大宗农产品品牌、特

色农产品品牌等共同发展；建立农产品品牌目录体系。一是大力提升农产品品牌的影响力，培育一批知名、优质，在区域、全国乃至国际上有影响力的农产品品牌，实施品牌战略时应考虑不同农产品的差异化竞争优势，突出农产品的鲜明地域特色，实现农产品品牌体系的优势互补。农业企业要充分发挥自身优势，提高产品质量，在研发和生产过程中注重自主创新、加强质量管理，打造有竞争力的企业品牌。二是建立农产品品牌目录，通过农产品品牌的收集、评审推荐、培育保护，发布地方优质农产品品牌目录，从而引导社会消费。打击各种品牌的假冒和滥用行为，推进品牌危机预警、风险规避和应急响应，完善农业品牌诚信体系，将品牌荣誉纳入国家诚信体系。三是农产品品牌主体应深入挖掘品牌文化内涵，充分利用包括网络新媒体在内的各种传播途径，扩大农产品品牌的影响力。借助互联网、大数据、云计算、人工智能、5G网络等新一代信息技术加强品牌营销。四是支持农业企业参与国际竞争，提升其国际竞争力，扩大农产品品牌的国际影响力。

推动农业科技创新升级。找准农业科技突破口，通过科技创新解决制约乡村农业发展的突出问题，推动我国农业科技水平的全面提高。一是大力培育农村产业创新主体。落实国家支持创业创新的各项政策，创新金融服务，完善土地利用政策，吸引各类人才到农村创业创新；搭建创新平台，整合政策，集聚要素和产业，支持建设一批农村创业创新园和孵化培训基地；加强服务，进一步推进分权、管理、服务改革，优化营商环境，培养一批农村创业创新导师和带头人，在更高层次、更广范围、更广领域推动农村创业创新。二是促进乡村就业创业，创建乡村创新创业孵化培训基地，帮助乡村科技人才、文化人才、管理人才、手工业者等创新创业主体提高创业技能。三是推进农业机械装备的研发和制造，实现农产品生产全过程的机械化。应结合我国实际情况，在推动高端农业机械装备生产研发的同时，推动符合我国农业生产需求的丘陵山区果蔬、茶叶、畜禽养殖业农业机械装备的生产研发。推动智能农机与智能农业协调发展，推动植保无人机、无人农机、农业机器人等新型装备首次应用于规模化种植养殖领域，促进丘陵山区"宜机械化"耕地改造。四是加快我国农业资源数字化，建立完善的农业资源数据库。依托互联网企业和涉农企业数据库，建立服务于农业管理的公共平台，提升地方政府的信息化管理和服务水平，鼓励农业生产数字化转型。全面提高数字技术在农产品生产、质量监控和贸易物流领域的应用水平。

▶▶ 改革农地制度和经营制度，构建现代农业经营体系

中国农业正处于历史转型期，农民对土地的经济依赖度有所下降，居民消费模式的变化促使对农产品的需求从数量型向质量型转变。农业发展模式转变为提高农产品质量和劳动生产率，这种变化是不可逆转的。要实现农业发展模式转型，首先应改革农地制度和经营制度。一是集体所有权的确权。要对所有集体资产进行核实，对所有集体资源进行量化和全面确权，而农户在集体资产中所占份额也要进行确认。探索实行土地承包股份合作制，保障农民基本土地权利，对农业土地资源进行整理和配置。在集体所有权确权后，明确所有权和利益分享机制，创新经营模式，通过集体经营、委托经营、合作经营等提升集体经济发展能力、确保集体资产保值增值，让集体成员共享集体资产经营收益。二是实现农地承包权和经营权的分离，并保护农民权益。在农民离开乡村到城市生活，已无法耕种农地的情况下，根据其意

愿可以将承包的土地流转出去而获得相应收入。在农民取得城市户口后，也可以有偿退出其承包的土地。三是通过法律明确界定农户经营权与承包经营权相分离时双方的权利和义务。双方签订的合同受法律保护，取得经营权的农业生产者有经营农地并获得收益的权利，同时经营权还可以进一步转让或以经营权为抵押向银行融资。四是在自愿、依法、有偿的原则下推进土地流转，通过流转提高土地经营效益。在此基础上，培育现代农业体系的经营主体和市场主体，推动农业市场化水平，在扩大经营规模基础上提高农业生产率，实现规模报酬。

培育多元化的乡村产业经营主体，以显著提升乡村产业发展的整体水平。具体而言：首先，鼓励乡村大中专毕业生、在乡和返乡农民建立农民合作社和家庭农场，成为乡村产业经营主体。落实金融项目资金直接投入农民合作社，创新金融支农方式，支持农民合作社和家庭农场获得土地经营权。其次，制定和实施财税、金融、人才等扶持政策，重点培育、引进和扶持一批高起点、规模化龙头企业，建立龙头企业、合作社和农户的共同发展模式，鼓励和支持龙头企业通过订单农业和示范基地带动合作社和农民开展标准化规模化生产，努力打造产业化联合体。支持具有比较优势的龙头企业盘活股本，实现不同地区、行业和所有制间的合作。发挥龙头企业优势，加强产业链建设，优化供应链管理，建立完善的农产品营销网络，提高产品竞争力和经济效益，发展成为有国际竞争力的大型企业集团。最后，发挥供销合作社、行业协会和产业联盟、农业产业化联合体的积极作用。发挥供销合作社服务新型农业经营主体的功能，不仅为农民提供流通服务，还应提供农业社会化的全过程服务，再到城乡社区全方位服务，为农民提供便捷、实惠的服务，在农资供应、农产品流通、农村服务等所有环节上提供优质服务。在此基础上培育大型农产品加工流通企业。支持流通模式和业态创新，建设国家和地区电子商务平台。鼓励乡村产业经营主体和农业院校、科研院所共同组建产业联盟，成员共同进行研发如新品种培育、生产技术创新等，在科技成果成功产业化后实现经济效益的共享。在县域范围内建立产业上下游相结合、辐射带动力强、多种乡村产业经营主体参与的发展模式，实现乡村产业经营主体之间的互利合作、风险共担和利益共享。

农村产业脱贫中组织创新典型模式探究

徐旭初

杭州电子科技大学法学院教授，浙江大学中国农村发展研究院教授

当前，中央着眼于"三农"工作重点的历史性转移，作出巩固拓展脱贫攻坚成果与乡村振兴有效衔接的重大战略部署。其中，有效衔接是脱贫地区推进乡村振兴的关键。在近年我国脱贫攻坚进程中，产业扶贫已成为覆盖面最广、带动人口最多的扶贫举措。因而推动产业扶贫可持续发展是实现有效衔接的关键。

▶▶ 农业农村组织化形态的转型和创新非常必要

近年来，我国脱贫攻坚主要是以"行政推动"为核心特征、以"扶贫开发"和"社会救助"为基本路径推进的。农村贫困治理结构与模式突出了政府的主导作用，通过加大国家财政减贫扶贫的投入力度，以各类扶持项目为

载体，形成中国特色的减贫扶贫政策体系。这一模式对减贫和改善贫困农民的基本生活都发挥了重大作用，但在真正激发欠发达地区和农村低收入人口的内生发展动力方面尚有较大的提升空间，在提升低收入农民自我发展能力方面也有待提高。

低收入农民主体地位的确立及其内生发展能力的提升，是欠发达地区农业农村发展的主要目标，也是促进农村贫困问题得到根本解决的重要手段。与"行政推动"相比，"内源发展"也以提高欠发达地区农业产出、促进农民增收和缩小城乡差距为重要目标，所不同的是，它认为欠发达地区农业农村农民具备强大的发展潜力。"内源发展"战略重新界定了发展的路径和内涵，发展意味着新的生产经营组织方式的形成，意味着农民自我管理水平、自我发展能力和参与现代化建设的能力的拓展。因此，"内源发展"不再是结果导向的外部推动，而是机会导向的内生创新。

然而，欠发达地区、低收入人口的内生发展动力不足，必须有外源介入，但这并不意味着常常作为外源的政府将取代或排斥市场机制或其他供给主体。而且，一种没有退出机制或缺乏内在载体的外源介入，也是不可持续的。因此，我们要通过组织低收入人口积极参与减贫项目，通过外源推动其提高自我组织能力，以此增强欠发达地区的"造血"功能和发展活力。所以，中国特色的贫困治理结构必然是由农民的主体作用、政府的主导作用、市场的基础作用和社会的促进作用等构成的合作治理结构。

因此，增强农村内生发展动力难以靠单个或少数农户实现，应该走组织化的农村市场化发展道路。然而，在当前的经济社会环境下，以村社组织和农民合作社为主要形态的传统的农村基层组织化形态的实践效果并不理想，其原因主要有三点：一是随着农村人口日益原子化、农村劳动力大量外移、欠发达农村地区的人口和空间结构正在发生巨变，乡村组织化和治理结构面临转型重构；二是农业结构性转型和农产品供应链管理趋势的变化迫使农村基层经济组织形态顺应农业产业发展趋势，对其自身组织结构及经营机制进行深刻的变革；三是欠发达地区村社组织和农民合作社本身内生发展能力较弱。因此，农村扶贫减贫进程急需农业农村组织化形态的转型和创新。

我国产业扶贫过程中形成的有效模式

回顾我国产业扶贫的成功历程，通过产业扶贫，形成了许多有效模式，而这些模式中大多涉及农业农村组织创新，主要体现为以下三个方面：

第一，以"第一书记"为标志的行政介入型组织创新。在贫困治理过程中，下派的第一书记不仅要积极获取体制内资源，更要打破科层制的束缚获取体制外资源。他们是随着发展援助政策而进入乡村的外来推动者，也是帮助村民制定发展规划、推动扶贫项目实施、促进贫困村经济社会发展的领头人。驻村第一书记的外部嵌入、有效衔接与内部执行，不仅使得国家治理、地方治理与基层治理得以可持续推进，而且初步实现了农村基层组织创新和乡村治理结构再造。可以认为，第一书记制度不仅是扶贫攻坚新制度，更是乡村治理新制度。

第二，以"龙头企业"为标志的资本介入型组织创新。习近平总书记曾指出："推进扶贫开发、推动经济社会发展，首先要有一个好思路、好路子。要坚持从实际出发，因地制宜，理清思路、完善规划、找准突破口。要做到宜农则农、宜林则林、宜牧则牧、宜开发生态旅游则搞生态旅游，真正把自身比较优势发挥好，使贫困地区发展扎实建立在自身有利条件的基础之上。"因此，开展农业产业化经营，打造特色优势农产品，构建现代化的农产品供应链，已成为"造血"式扶贫开发的通行思路。

龙头企业嵌入欠发达地区和带动低收入农民致富，通常有传统的"龙头企业+农户"模式和"龙头企业+合作社+农户"即龙头企业领办合作社模式。后者与前者的最大差异是后者将龙头企业与农户之间的交易关系确定化、短期契约长期化，实现了龙头企业监督与农户群体自我监督的有效结合，降低了双方的交易成本。在产业扶贫中，龙头企业能够以合作社的名义申请到政府补贴、银行优惠贷款、项目建设资金，甚至是税收优惠，从而降低生产经营成本。如果不考虑政策因素的影响，参与产业扶贫的龙头企业有一个共同的特点，即农产品原料对其核心竞争力至关重要，因此他们需要与农户建立稳定的契约关系。

实际上，以"龙头企业"为标志的资本介入早已普遍存在，并不能算作组织创新。而在近年来产业扶贫中，大量出现政府将本应给予贫困农户的财政扶贫资金注入龙头企业扶贫项目作为农户股金，或者支持农户与龙头企业合办合作社，进而力图构建利益共同体的创新性做法。如此，双方的关系既不是龙头企业领办并控制合作社下的劳务外包关系，也不是农户自办合作社与龙头企业谈判下市场主体间的交易关系，而是相对温和的利益相关者间的联盟关系。

第三，以"电商扶贫"为标志的电商介入型组织创新。电商扶贫，即通过电子商务帮助贫困地区实现脱贫致富的模式，是一种开发式扶贫。习近平总书记指出："要实施网络扶贫行动，推进精准扶贫、精准脱贫，让扶贫工作随时随地、四通八达，让贫困地区群众在互联网共建共享中有更多获得感。"第三方电商平台为欠发达地区农产品销售提供了一个大市场。与此同时，电商的进入也提高了欠发达地区基础设施建设水平，促进了综合服务协同发展。

近年来，电商扶贫衍生出了多种模式：一是电商＋产业：电商平台主导产业提升，产业发展支撑扶贫进行。主要以第一产业为主，电商平台可根据当地实际情况和市场预测，有针对性地作出引导，促进产业集群形成，打造特色商品，让产业发展和商品生产在最大程度上与市场需求吻合。二是电商＋旅游：这是一种在数字化、信息化大时代背景下顺势而为的扶贫模式，是利用数字化手段、信息化赋能改变欠发达农村地区的市场基因，催生出的新模式和新业态。三是电商＋直播：电商直播为扶贫事业提供了新的思路，新冠肺炎疫情更是加快了利用电商直播实现农村扶贫的进程，这对于推动欠发达农村地区农产品上行、实现脱贫攻坚具有重要意义。

如今，以"电商扶贫"为标志的电商介入扶贫攻坚已进入了农产品"电商基地直采"的新阶段。在农产品数字化供应链价值凸显的背景下，电商企业向农产品数字化供应链前端进军的热情日益高涨，而优质农产品以及有规模、有品质、有品牌的农业生产经营主体正迅速被各类电商企业发现和对接。这是数字经济时代农业组织化的新形态，也是产业扶贫中具有时代性的组织创新模式。

▶ 组织创新要从外部推动主导走向内源发展主导

习近平总书记强调，要"接续推进全面脱贫与乡村振兴有效衔接""总的要有利于激发欠发达地区和农村低收入人口发展的内生动力"。2020年中央农村工作会议指出，对摆脱贫困的县，从脱贫之日起设立五年过渡期，过渡期内保持主要帮扶政策总体稳定。然而，过渡期内若不抓紧培育和提升欠发达地区内生发展能力，将难以维持稳定脱贫和可持续发展，更难以实现乡村振兴和全面小康。

实际上，上述多种产业扶贫中的组织创新路径存在着不少现实问题：第一，以"第一书记"为标志的行政介入型组织创新在一些地区存在着形式主义与造假共谋、农民的边缘化和基层自治力的削弱、村庄公共性的隐性瓦解等问题；第二，以"龙头企业"为标志的资本介入型组织创新在部分地区存在着精英俘获、激励兼容等问题；第三，以"电商扶贫"为标志的电商介入型组织创新在一些地区存在着基础设施建设较差、产业基础薄弱、电商人才匮乏等问题。

更值得指出的是，实践中上述多种产业扶贫中的外源性组织创新路径，最终大多都落脚或链接到农民合作社的组织创新和村社的组织创新上来。而村社组织创新又集中表现出以"三变"改革为基础的农村社区股份合作社形式及其衍生形式。因而不难看出，农民合作社是贫困农民通过自身努力彰显主体性、提升自我管理水平和发展能力，进而减贫脱贫的最合宜、最合意的组织化形态，也被认为是外源主体实现益贫、减贫和扶贫的主要途径，更是产业扶贫可持续发展的关键组织载体之一。

从有效推动产业扶贫可持续发展的视角来看，我们不仅要加强农业农村组织创新，在组织创新中也要注意以下几点：

其一，组织创新要以保证低收入农户的收入增长和能力提升为主要目标。以分散农户作为产业链的起点不利于提升产业链和实现农户增收，必须有合适的产业扶贫组织聚集分散农户，才能保证农户参与产业链的利益分配并分享专业化生产带来的收入增长。同时，要确认和尊重低收入农民在相关组织载体中的主体地位，拓展和提高其自我管理水平、自我发展能力和参与现代化建设的能力，激发其主动性和创造性。

其二，组织创新要有助于信任的建立。农民正是基于信任才将自己不能执行或借助组织才能高效履行的职能交由合作社这类组织载体去完成。在欠发达地区，合作社成员的信任一方面来源于较为深厚的血缘或社区关系，但更重要的是，组织载体的制度安排要有利于形成信任的氛围，形成制度面前人人平等的信任环境。

其三，组织创新要突出利益公平。欠发达地区的各类产业扶贫组织载体吸引农民的一个重要原因是它能带来相对稳定的农产品增值收益。增值收益返还也是合作社的基本原则。因此，在收益返还的机制设计上，针对低收入农户尤其要保证收益返还的公平性和科学性，强调按交易量的返还比例，并留存足够的积累用以抵抗风险和用于进一步发展。

其四，组织创新要促进管理效率。各类产业扶贫组织载体要在市场竞争中获取更大的收益，离不开科学严格、激励兼容的管理制度。而农村基层组织载体在实际运行中可能会因共有产权问题引发内部的机会主义和"搭便车"行为。因此，如何科学地设计产权结构直接影响着相关组织载体剩余索取权的合理性，这也是提高农民参与度和认同度的重要因素。

其五，组织创新要逐步提升农产品供应链上其他工商主体竞争的实力。农产品供应链的延伸将农产品在供应、加工到销售等链条上的不同主体联系在一起，成为一个经济系统。系统的可靠性需要形成多级竞争的并联选择结构才能实现。而各类产业扶贫组织载体一旦失去与其他工商主体竞争的能力，也就失去了发展的动力和存在的可能性。

总而言之，唯有将外源性组织创新与内生性组织创新有机结合，使农业农村组织创新从外部推动主导走向内源发展主导，才能有效激发欠发达地区和农村低收入人口发展的内生发展动力，才能实现巩固拓展脱贫攻坚成果与乡村振兴有效衔接的重大战略部署。

后扶贫时代乡村建设要树立三种理念

朱启臻

中国农业大学农民问题研究所所长、教授

  2022年中央一号文件提出要"牢牢守住保障国家粮食安全和不发生规模性返贫两条底线",从脱贫攻坚转向全面推进乡村振兴,除了采取一系列措施促进脱贫人口持续增收,乡村建设理念也必须随之更新。要落实乡村振兴为农民而兴,乡村建设为农民而建的要求,从精准施策向共享发展成果过渡,实现从特惠到普惠的有效衔接,要重视将目光从经济收入增加转移到让广大农民有更多的获得感、安全感、幸福感上来。追求幸福生活是乡村振兴的根本目的,幸福生活不是依赖和享受,需要正确的价值观引导。只有把乡村建设成适合产业兴旺、能满足乡村居民生活需求的样子,才能提高农民的幸福指数。在全面推进乡村振兴过程中,须树立三个理念,幸福生活理念、合作发展理念、建设适宜乡村理念。只有把脱贫攻坚成果作为新起点,按照新的理念全面推进乡村振兴,全面发展和改善群众生活,才能做好乡村振兴这篇大文章。

▶ 树立追求幸福生活理念，处理好三对关系

习近平总书记指出，"让人民生活幸福是'国之大者'"。幸福生活的实现需要建立在经济发展、环境质量提高、完善的公共服务基础上，这是幸福生活的前提和依据。在进入小康社会后，随着物质条件越来越好，人们也认识到单纯追求物质并不能带来持久幸福，片面追求物质收入和不良消费会降低人们的幸福感。因此，必须及时把工作中心从重点增加经济收入转移到追求幸福生活上。在保障农民经济收入可持续增长的同时，突出精神需求的满足。幸福感作为一种主观感受，受价值观的影响，在乡村，追求幸福生活需要处理好以下三种关系。

其一，劳动创造与享受的关系。按照马克思主义的观点，人类不仅享受着劳动创造出的物质资料，也在劳动过程中获得成就感，得到精神上的满足。农民本来是崇尚劳动的群体，他们靠自己的辛勤劳动生产出满足自己需要的产品，并将对家庭的责任与对生产劳动的责任融为一体，当看到自己的劳动成果时会感到由衷的喜悦和幸福。但是，在摆脱贫困后，一些人身上出现了依赖思想和享乐主义倾向。在一些村庄里，田里干农活的多是六七十岁的老人，年轻劳动力羞于参加农业劳作，宁肯打麻将消磨时光，也不愿意从事农业劳动。在这样的氛围下，即使有人想去做诸如照顾老人或到村里农家乐做小时工之类的工作，也常常因受到他人嘲讽、奚落或讽刺而放弃，致使乡村劳动力后继乏人，耕地荒芜，手艺失传，崇尚劳动的传统随之丧失。这凸显了后扶贫时代劳动致富教育的重要性。在农业劳动过程中，人们体验人与自然的关系，养成尊重自然和敬畏自然的品质，对培养毅力、耐力和坚持精神以及尊重劳动成果等素养具有重要意义。要把坚持劳动付出与获取劳动

成果相结合，特别要引导乡村年轻人深刻理解"幸福是奋斗出来的"因果定律，通过乡村组织制度创新激活人民劳动的积极性、主动性和创造性。

其二，尊重习俗与移风易俗的关系。乡村习俗与乡村居民幸福感息息相关，可以说农民的幸福感正是在乡村习俗氛围中获得的，这些习俗涵盖了乡村娱乐活动、节日与时令、民间文艺、衣食住行等老百姓喜闻乐见的文化方式。在丰富的习俗活动中，通过尊重感、成就感、归属感、自豪感、公平感等精神与心理层面获得幸福体验。在实现了"两不愁三保障"目标后，如何让农民在满足文化需求的过程中获得幸福就成为乡村建设的重要方向，特别是乡村习俗等在农民获得感与幸福感的体验中所发挥的作用值得关注。笔者在一项研究中发现，村民走亲访友的"做客"习俗是村民最大的经济负担，但同时也是村民获取快乐和幸福的最重要源泉。为此，脱贫举措不能为减轻农民的经济负担简单地取消村民间的"做客"行为，而应该寻找减轻经济负担与保持幸福体验的结合点。因此，在某种意义上，尊重习俗就是尊重老百姓的幸福感受。但是也必须看到，并不是所有习俗都具有进步意义，有些习俗已经偏离本来的价值意义而异化为农民的沉重负担，如红白喜事的大操大办、高价彩礼、盲目攀比建房等，在加重村民经济负担的同时，也带来了精神压力和生活烦恼，需要通过引导、规范，移风易俗，恢复习俗的本质属性。有的乡村成立红白事理事会，通过乡规民约的确立制定规则，约束人们的攀比行为，既传承了中国传统文化，又引导文明乡风。

其三，乡村生活方式的传统性与现代性的关系。提倡保持乡村生活方式不是固守传统，而是要在保持传统生活优势的基础上做到与时俱进。如今的乡村住房不再是仅仅满足遮风挡雨的需求，而是要营造温馨舒适的宜居环境和美的享受；乡村厕所也必须告别脏乱臭，走向现代的卫生便捷；自来水、网络、超市、文化广场、娱乐空间等一个不少，城市能享受的，乡村都应该具备，城市没有的，乡村也能享受到。自给自足的去货币化消费方式、宽敞的住房条件、绿水青山与田园风光、新能源的利用、温馨和谐的邻里关系、熟人社会文化等，都是乡村有别于城市的优势所在，是农民的重要福利。把这些优势建设好、发挥好，乡村就可以成为具有吸引力的幸福家园。需要指出的是，生活方式的现代化不应该简单套用城市思维，乡村建设必须清楚乡村的特点和价值所在，善于从乡村中汲取生存智慧，在尊重乡村价值的基础上实现传统与现代的融合。

▶ 树立合作发展理念，提高农民的组织化程度

共同富裕是社会主义的本质要求，是美好生活的具体体现。共同富裕要在整个国家发展过程中实现，同时要通过体制机制创新来保证。从世界各国的经验来看，农民的组织化与农业农村的现代化具有高度一致性。提高农民的组织化程度，是推动农业农村现代化的有效方式，是实现共同富裕的有效途径，也是乡村振兴中最具挑战性的任务。把农民组织起来的最有效形式是农民合作社，合作社的优势在于尊重农民主体地位，体现农民当家作主的权利，有效地整合乡镇政府、乡村市场、农业生产者、乡村管理者等要素和资源，提升建立在信任基础上的社会凝聚力。在生产经营的层面形成规模经济，实现农民的利益并有效地为农民提供保障。同时，合作环境也是增加人们幸福感与归属感的有效途径。后扶贫时代农民合作社的发展须考虑两个问题：合作社的微观基础与合作社的应有功能。

家庭农场为农民合作社发展提供微观活力。由于小农户合作意愿较低，建立在小农户基础上的专业合作社微观动力不足，难以发展成为有效的农民组织。后扶贫时代，需要把小农户引向家庭农场，家庭农场作为现代农业基本单位，在保留农户经营全部优势的同时，可以克服小农户科技需求不足、组织动力微弱等劣势，使之成为新型职业农民得以存在的有效载体。中国这样的人口大国要把饭碗端在自己手里，就必须有一支稳定的高素质农民队伍。雇工农业不可能造就稳定的高素质农民队伍，唯有家庭农场可以在代际之间继承，增强了农民长远投入预期，培养了农民对土地的感情，并把这种感情和农业经验传给下一代，使现代农业后继有人，这是保障国家农业安全的基础和前提。适度规模的家庭农场可以有效激发农民的科技需求，激活农民的合作意愿，农民生产的积极性、主动性、创造性和责任感会重新爆发出来，家庭农场制度是激活乡村内生动力最为有效的途径之一。

家庭农场经营依然会存在交易成本高、农产品销售难、农产品品牌和产业链延伸存在障碍以及农民利益需要保护等问题，解决这些问题要通过更高级的组织形式来实现，这就是合作社。合作社被认为是最适合农民的组织形式，目前的农民合作社发展不理想，需要根据中国国情进行创新。农民合作社应该是以乡村社区为单位的综合合作社，面向乡村社区所有成员开放，遵守合作社进退自由、民主管理和利润返还等原则。村社一体的农民合作社在构建乡村利益共同体的同时，也重构了传统乡土社会基于人情关系的情感共同体。这样的合作社可以在三个方面发挥功能：一是购销合作，统一采购农机、化肥、农药、种子等农业生产资料，统一打造农产品品牌，销售农产品；二是生产合作，统一推广农业新技术，为家庭农场提供耕地、播种、灌溉、收割、防治病虫害等服务，随着合作社实力增强，还可以发展出储运、烘干、农产品加工等业务；三是为合作社社员提供生活服务，包括兴办社区超市、代购、代销、金融互助等。村社一体的合作社在乡村治理、文化传承、移风易俗、环境卫生、垃圾分类等方面也可以发挥重要作用。村社一体农民合作社比小型专业合作社更具有规模优势，但依然存在规模效益不足和市场地位低下等问题，需要更高层次的联合与合作，这就催生出了合作社联合社。合作社联合社应该采取政府"搭台"、农民"唱戏"的理念，在更大行政范围内实现，政府的惠农政策要更多地通过合作社系统惠及农民。

村社一体农民合作社适应中国乡村熟人文化特点，在这样的环境下，农民的集体意识、协作态度、共享理念更容易形成，村民的获得感、成就感、归属感、责任感以及对乡村的感情更容易培养出来。村社一体农民合作社也与当前中国行政体制保持了一致，由省、市、县、乡、村构成的行政管理体系是乡村运行的主线，村集体不仅是集体土地的所有者、乡村秩序的维护者，也是各项政策和惠农项目的具体落实者，独立于村集体之外的合作社往往会成为"孤岛"，既难以融入村落文化体系，也与乡村社区管理"两张皮"，甚至出现相互掣肘现象。因此，提高农民的组织化程度，应该把与村社一体的农民合作社作为重要的组织建设内容。

从脱贫攻坚转向全面推进乡村振兴后，要把培育家庭农场与合作社两类新型经营主体放在突出位置。这两类主体的共同特征是突出农民主体地位，在脱贫攻坚过程中，不少乡村为尽快脱贫，把土地流转给企业，让农民"既拿地租，又外出打工"，以实现短期内增加农民收入的目的。但是类似这种排斥农民主体地位的做法，具有效率低、成本高、风险大等问题，把本来的主体变成了旁观者，遏制了农民积极性、主动性和创造性的发挥，难以获得农业可持续发展的动力。因此，要积极引导农民走适度规模家庭农场的道路。家庭农场是以家庭劳动力为主要劳动力的农业经营单位，被称为"扩大版的农户"，规模可大可小，既适合平原的规模化粮食生产，也适应山地特色农业经营；既适应设施农业和手工劳动，也能适应现代农业进程中生产力发展的需要。家庭农场的形成需要特定的政策环境和社会环境，当前的土地制度、政府的农业支持政策、城乡关系、教育机制等尚须改革和创新，以适应家庭农场形成的需要。村社一体的农民合作社在为社员服务过程中获得集体收入是双层经营新内涵的突出表现，也是新型集体经济得以实现的重要形式。实践中一些地方壮大集体经济的做法大多数违背了农业特点和规律，如收回农民承包地由集体经营，或由集体重新发包，或让农民把耕地流转给企业，收取租金，以获得集体收入，这些做法都以排斥农民主体地位为特征，失败是不可避免的。增加集体收入既不能靠卖地、租地、重新收取承包费，也不能收回土地由集体经营，更不可能靠所谓与企业联合的方式在农业生产中获得利益，只能通过合作社的形式在服务家庭农场和农户的过程中获得收益，这是符合农业生产特点的可持续路径。

▶ 遵循乡村发展规律，树立建设适宜乡村的理念

2022年中央一号文件明确指出，"立足村庄现有基础开展乡村建设，不盲目拆旧村、建新村""严格规范村庄撤并"。新时代乡村振兴的一个重要特征是要同步实现农业和乡村的现代化，这就需要清楚现代农业与现代乡村的关系。我们知道，传统乡村是围绕农业生产需要而发展的，在漫长的进程中，乡村发展出了一系列利于乡村产业兴旺的功能，构成与乡村产业密不可

分的关系，而且在相互促进和彼此适应过程中形成了特定的农业文化和乡村产业类型。以往的经验告诉我们，不了解农业生产与乡村的关系，把乡村建设与农业发展本来不可分割的整体人为割裂开来，既削弱了农业发展，也难以把乡村建设成安居乐业的家园。为此，我们提出建设适宜乡村的理念。所谓适宜乡村，是指把乡村建设成既适应生产，又适合生活；既保持好生态，又让环境变得宜居；既传承中华优秀传统文化，又便于乡村治理的新型空间形态。适宜乡村建设一方面不能固守传统，另一方面也不能想当然地模仿城市，而是要遵循乡村发展规律，在尊重传统基础上与时俱进。

首先，乡村要适合农业生产。乡村在成长过程中始终遵守适合生产原则，有什么样的生产就会有什么样的与之相适应的村落，"近地原则"就是农业生产对村落与农田距离的基本要求。也就是农民住宅要尽可能地建在离自己耕地最近的地方。因为"近地"给生产带来方便，节省往返时间，节约运输成本。在现代农业条件下，适度规模的家庭农场依然需要遵守近地原则。农民的住宅不能远离耕地，农业生产配套设施、农具、农资、农机存放等空间也必须就近解决。

其次，乡村建设要有利于庭院经济的发展。庭院经济是乡村产业兴旺的重要内容，农民房前屋后不仅可以种蔬菜、栽果树，饲养家禽家畜，还可以发展多种多样的手工业，如编织、酿造、织布、印染、手工艺品制作等，既能丰富老百姓的生活，也能增加农民的收入。庭院经济尽管在空间上是有限的，但在时间利用上呈现出灵活性和时效性，把种植、养殖、手工、土地、房舍、劳动力和时间资源综合利用到极致。庭院经济的内容十分丰富，一切村落可利用的自然资源和非自然资源都可以在庭院经济发展中找到位置，是实现乡村产业兴旺的重要空间，也是丰富农民生活的重要路径。了解乡村庭院的经济功能，就不会简单地把农民的宅基地界定为纯粹的建设用地，试图通过"占补平衡"获取农民宅基地的建设用地指标，显然，这样的"占补平衡"没有任何意义，结果是压缩了农业生产空间，削弱了农业生产条件，是后扶贫时代乡村建设特别需要警惕的行为。

最后，乡村是可持续农业的重要条件。中国人种地越种耕地越肥沃，得益于循环利用文化传统。循环利用只有在乡村环境中才最安全和最容易实现，这是由乡村的特点所决定的。以秸秆利用为例，传统乡村秸秆利用出路有三个方向，一是通过发酵把作物秸秆、杂草等变成有机肥；二是为农户取暖、做饭提供燃料，燃烧后的草木灰再作为有机肥还田；三是作为家禽家畜的饲料，秸秆过腹还田。随着科学技术的进步，人们以秸秆为纽带形成多种农业循环模式，如"秸秆－基料－食用菌""秸秆－成型－燃料－农户""秸秆－青贮饲料－养殖业"等。乡村的存在还为沼气综合利用提供了可能，将人畜排泄物、农作物秸秆、杂草、枯枝落叶、厨余垃圾、生活污水等作为沼气基料处理，产生的沼气作为燃料，沼液、沼渣作为有机肥。推行"猪－沼－果"等循环模式，形成上联养殖业、下联种植业的生态循环农业新格局。

乡村是一个集生产、生活、生态、文化与特定社会关系等多种功能于一体的有机集合体，后扶贫时代的乡村建设可以将这些要素中的任何一个作为切入点，但必须始终把乡村作为有机整体来对待，特别是要清楚乡村的生产、生活与乡村空间结构的关系，只有从空间结构、社会结构、文化传承等方面整体推进乡村的全面发展，才能把乡村建设成幸福美丽的家园。

第三章

绿色乡村

绿色发展是农业农村迈向现代化的一场重要革新。良好的生态环境和丰富的自然资源是农村的最大优势和宝贵财富,贯彻好"绿水青山就是金山银山"的绿色发展理念,画好乡村振兴的"绿色山水画",唱好乡村振兴的"绿色协奏曲",未来的广袤乡村必将成为宜居宜业的幸福宝地。

以绿色发展理念促中国农业绿色发展

谭淑豪

中国人民大学农业与农村发展学院教授、博士生导师

2008年，世界银行（The World Bank，简称WB）发布了题为《以农业促发展》（"Agriculture for Development"）的年度报告，其中，农业被视为保障零饥饿、促进减贫和发展经济的重要驱动力。2011年9月，联合国粮农组织（Food and Agriculture Organization of the United Nations，简称FAO）和经济合作与发展组织（Organization for Economic Co-operation and Development，简称OECD）在巴黎OECD总部联合召开了"以农业绿化经济"（"Greening the Economy with Agriculture"）的专家会议。2012年6月，在巴西里约热内卢召开的联合国可持续发展大会（又称"里约+20峰会"）集中讨论的两个主题之一即绿色经济在可持续发展和消除贫困方面的作用。OECD也在2011年发布了题为《迈向绿色增长》（"Towards Green Growth"）的报告。在2015年联合国可持续发展峰会上，农业可持续增长被作为围绕经济增长、社会包容性和环境可持续性三个相互联系的方面而设立的17项可持续发展目标之一。

国际社会从"以农业促发展"到"以农业绿化经济"的转变，反映出绿色发展理念的不断深化及其对农业和经济发展的重要意义，同时也表明，农业绿色发展是未来的大势所趋。

在国内，自2012年11月党的十八大正式提出"绿色发展理念"以来，政府就以强有力的举措不断推进农业绿色发展。2017年9月，中共中央办公厅、国务院办公厅印发的《关于创新体制机制推进农业绿色发展的意见》将贯彻新发展理念、推进农业绿色发展，作为保障国家食物、资源和生态安全，促进农业可持续发展的重大举措，并提出了推进农业绿色发展体制机制创新的意见。中共中央、国务院2018年9月印发的《乡村振兴战略规划（2018—2022）》和2019年2月发布的中央一号文件都将推进农业绿色发展作为破解生态环境压力和资源短缺困境的必然选择。2020年1月中共中央、国务院发布的中央一号文件，切实提出加强农药化肥减量行动、农膜污染治理和秸秆综合利用等有关农村生态环境突出问题的治理措施。随后，2020年3月，农业农村部印发了《2020年农业农村绿色发展工作要点》，将农业绿色发展细化为21项工作要点，每个要点明确了相关司局具体负责落实或牵头落实。2021年的中央一号文件进一步明确了推进农业绿色发展的15条具体措施。

农业在供给食物、改善营养、消除贫困和提供就业等方面贡献巨大，然而，其发展也带来了较严重的资源环境问题。全球农业消耗了地球上近四分之三的淡水资源，排放了全球三分之一的温室气体（Tilman and Clark，2014）。中国农业发展的资源环境代价更为高昂。长期以来，中国农业以高投入、高产出和高能耗为特征，其环境代价高达农业GDP的近10%。发展绿色农业势在必行。为了使政府有关绿色发展的治理措施进一步落到实处，本文试图通过探讨绿色发展理念的理论基础及其演进，回答绿色发展理念为何有助于促进农业绿色发展，在以绿色发展理念促农业绿色发展的实践中存在哪些问题，以便更好地为中国农业绿色发展、实现农业农村现代化提供参考。

理解绿色发展理念和农业绿色发展

理解绿色发展理念。《辞海》（1989）对"理念"有两种解释：一是看法、思想、思维活动的结果；二是理论、观念（idea）、思想，有时亦指表象或客观事物在人脑里留下的概括形象。理念与观念关联，上升到理性高度的观念叫"理念"，是人们对某种事物的观点、看法和信念。由于事物在不断发展变化，相关理念在实践中也须不断完善，从而丰富自身内涵。

我国绿色发展理念是不断发展完善的、有关"绿色发展"的具有理性高度的观念。绿色发展理念是指以人与自然和谐为价值取向、以绿色低碳循环为主要原则、以生态文明建设为基本抓手的发展理念。绿色发展理念通常被深入浅出地表述为"两山理论"，即"绿水青山就是金山银山"。"两山理论"诠释了人类与自然、生产与生态、发展与保护等重大关系（杨久栋，2018）。绿色发展理念是逐渐产生和形成的。中国传统农耕文化中蕴含着丰富的农业绿色发展思想，如趋时避害的农时观、辨土施肥、用养结合的地力观，以及化害为利、变废为宝的循环观等（余欣荣，2021）。种植养殖相结合，利用秸秆资源发展畜牧业，将畜禽粪便还田以培肥地力，开展休耕轮作让土地休养生息等传统农业实践，反映了"顺应自然"和"天人合一"的绿色文明观

（杨久栋，2018）。这些绿色发展思想或绿色文明观为推动农业绿色发展提供了重要思想文化资源（余欣荣，2021）。

国际上，奥尔多·利奥波德（Aldo Leopold）被认为是绿色发展理念的早期倡导者。1933年，当时在威斯康星大学农业管理系任教授的利奥波德已逐渐形成了一套土地健康和土地伦理观念。他在1935年创建了"荒野学会"，旨在保护荒野大地及其上的自由生命免受污染和侵害。同时，他还身体力行，在被废弃的"沙郡"农场亲自种树以恢复土地的健康。1949年，利奥波德出版了被誉为"绿色圣经"的《沙乡年鉴》，标志其土地伦理观的正式形成（利奥波德，2010），其中要点有四个：①将人和土地的关系视为超越人与人、人与社会关系的第三层道德观念，认为人对土地有保护（生物多样性等）和培育（土壤肥力等）的义务；②首次提出土地共同体概念，将土地视为土壤、气候、水、植物和动物等的综合体，并将人类视为土地共同体的成员之一；③提出人类应作为与土地共同体其他成员平等的角色给土地共同体本身及其他成员以尊敬；④提出"有助于维持生命共同体的和谐、稳定和美丽的事就是正确的，否则就是错误的"这一生态整体主义核心准则（郭施宏，2014）。

理解农业绿色发展。绿色发展是以效率、和谐和持续为目标的经济增长和社会发展方式。农业绿色发展是以绿色环境、绿色技术、绿色产品为主体，充分运用先进的科学技术、先进的工业装备和先进的管理理念，促进农产品安全、生态安全、资源安全，并以提高农业综合经济效益的协调统一为目标，以倡导农产品标准化为手段，以生产绿色食品为核心，推动人类社会和经济全面、协调、可持续发展的农业发展模式。绿色经济（国际上绿色发展的早期提法）较早由英国环境经济学家大卫·皮尔斯（David Pearce）在

20世纪80年代提出。他认为绿色经济是一种可持续发展模式，不仅关注经济效益，更关注生态环境容量和资源承载率。此后，国际社会对绿色发展给予了密切关注。2001年，世界银行指出，资源与环境为绿色发展的生产力要素，自然资源和环境容量的价值及污染治理与生态恢复的成本须纳入GDP和国民财富核算；2002年，联合国开发计划署（The United Nations Development Programme，简称UNDP）将绿色发展作为一种以保护环境为前提的发展道路；2009年，OECD将绿色发展定义为在促进经济增长及发展的同时，确保自然资产能不断为人类福祉提供不可或缺的资源和环境服务的发展方式；2011年，联合国环境规划署（United Nations Environment Programme，简称UNEP）提出绿色发展是可在提高人类福祉和社会公平的同时，显著降低环境风险和生态稀缺的发展方式。

农业是自然资源的主要使用者，也是频繁滥用者，在处理农业发展与环境资源关系问题上，运用绿色发展理念有助于合理高效地利用水土资源，发挥农业保护生态环境的作用，使农业在促进经济增长的同时，提高环境的可持续性，从而实现农业绿色发展。

▶ 农业绿色发展理念的演变

农业绿色发展理念是随着经济的发展和不同阶段农业问题的转变而不断演变的。以收入水平衡量经济发展，大致可将经济发展过程分为低收入阶段、中等收入阶段和高收入阶段，每个阶段需要解决的主要农业或经济问题不同，相应的政策目标也不一样（见图3-1）。在主要问题集中于粮食不安全的低收入阶段，农业政策的主要目标是尽量多生产粮食，以保障全社会的粮食供给。扩大粮食生产的途径主要有两种：一是扩大土地面积，如开发草原、湿地等边际土地，增加粮食产出；二是提高土地利用的集约度，即通过向既定面积的土地增加化肥、农药等外部投入，以增加单位土地面积的粮食产量，从而增加粮食供应。然而，这两种扩大粮食生产的途径都可能导致资源环境问题。当粮食安全基本得到保障，进入中等收入阶段时，需要优先解决的问题是脱贫问题。这个阶段农业政策的主要目标是通过多种方式进行减贫，如为农民提供更多非农就业的机会、对农业进行补贴、对土地进行更为集约的利用，从土地上获得尽可能多的收益。这个阶段农业可能导致的资源环境问题与前一个阶段类似。进入高收入阶段后，农业需要优先解决的问题是如何调整资源的利用，主要政策目标是防止农民的相对收入下降与返贫。

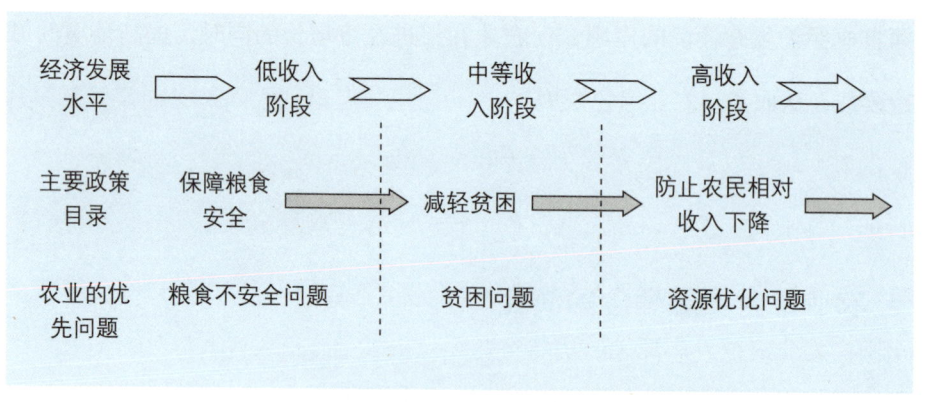

图 3-1 不同经济发展阶段的主要政策目标和农业优先问题

资料来源：由对［日］速水佑次郎和神门善久所著《农业经济论》第 16~27 页内容修改制作而成。

随着经济的发展，温饱和贫困问题逐渐得到解决，人们更加追求高品质的生活，包括高质量的食物供给和更加友好的环境，绿色发展理念也逐步得到发展和强化。这一规律适用于同一个国家或地区经济发展的不同阶段，也适用于同一阶段下经济发展水平不同的国家和地区。世界银行在《2008年世界发展报告：以农业促发展》中指出，农业在经济发展水平不同的国家和地区的功能不同，因此，在对待农业与自然资源保护、农业与环境关系等方面，不同国家的理念也有所不同。例如，撒哈拉以南的非洲国家，农业是其经济增长的主要来源；在中国、印度等转型国家，农业不再是其经济增长的主要动力，但80%以上的贫困人口滞留在农村，需要靠农业提供生计来源；而在城市化率和经济发展水平较高的国家，农业对于经济增长的贡献更小。此外，在2012年联合国可持续发展大会上，不同国家对于绿色发展持有不同的观念，欠发达国家普遍把消除贫困放在首位，而发达国家则根据各自的情况将资源有效利用、能源和环境等问题放在更加优先的位置。

可见，不同经济发展水平的国家呈现出的绿色发展观不同，各国或各地区的绿色发展理念因农业在其经济发展中作用的不同而有所差异。此外，绿色发展理念又决定了一个国家或地区的绿色发展进程，从而出现具有不同特征的农业绿色发展阶段。表3-1为一些代表性国家的农业绿色发展阶段及其特征，其中，美国代表新大陆进行大规模经营的农业国家，荷兰代表原居民经营且规模较大的国家，而日本代表原居民经营且规模较小的国家。虽然三个国家农业绿色发展都经历了三个阶段，但各国每个阶段所处的时期及主要特征有所不同，采取的治理措施也有所差异。因地制宜、因时制宜是各国以绿色发展理念促其农业绿色发展的关键。

表 3-1 代表性国家的农业绿色发展阶段及其特征

国家	发展阶段与主要特征		
美国	20世纪前期至20世纪60年代：农业绿色发展启蒙阶段；在对化肥和农药大量使用导致的农业及周边环境的双重危机下，开始思考农业绿色发展	20世纪60年代至90年代：农业绿色发展成为主流；制定系列法律措施，绿色技术水平大幅提升，生产结构优化，环境污染缓解，绿色技术开始向农户推广	20世纪90年代以来：农业绿色发展日渐成熟及有所突破；范围内容逐步扩大，以农村发展和农业可持续发展为重点，制定系列支撑政策和方案
荷兰	20世纪80年代：严格控制畜禽养殖量	20世纪90年代：严格控制肥料、农药的施用	2000年以来：全面管理农业资源，重视农业的生态功能
日本	20世纪70年代前：农业绿色发展基础恢复巩固；确保土地家庭经营，为土地集中经营和基础设施建设奠定基础，减少农业对环境的破坏	20世纪70年代至90年代：绿色农业技术提升，大力支持农业绿色技术投入，完善推广制度，以多元路径推进农业绿色发展	20世纪90年代以来：农业与绿色发展和谐共进，更重视农业多功能性的发挥，推进"农业观光"模式，提升技术，培训农民

资料来源：杜志雄，金书秦：《从国际经验看中国农业绿色发展》，《世界农业》，2021年第2期。

中国也先后经历了优先解决粮食问题、贫困问题和资源优化问题的阶段，农业也曾为国家经济增长的主要源泉。表3-2展示了自中华人民共和国成立以来，中国农业发展不同阶段的一些主要指标情况。可以看出，随着人均GDP的逐渐提高，农村劳动力比重不断下降，农业在经济中的重要性也不断下降（表现为农业占GDP比重的不断降低），城镇化率也在不断提高，而贫困发生率快速下降。认识到绿色发展理念随经济发展水平而不同这一演变规律对于促进农业向绿色发展转型很有必要，这要求对处在不同发展阶段的地区采取不同的绿色发展治理措施。

表 3-2 中国经济发展不同阶段主要农业指标

指标（单位）	1952 年	1978 年	1990 年	2005 年	2020 年
人均 GDP（美元）	59	165	392	1449	6989
农村劳动力比重（%）	88.0	70.5	60.1	44.8	23.6
农业占 GDP 比重（%）	50.5	28.2	27.1	12.5	7.7
农村人口比重（%）	87.5	82.1	73.6	57	36.1
农村贫困人口（万人）	47800	25000	8500	2365	0
农村贫困发生率（%）	>95	30.7	9.4	2.5	0
城乡居民收入相对差距（倍）	3.22	2.57	2.79	3.22	2.56

注：①本表所涉 2020 年之前的数据摘自胡鞍钢为《2008 年世界发展报告：以农业促发展》所作序；② 2020 年人均 GDP 为 72447 元人民币，按全年人民币平均汇率 1 美元兑 6.8974 元人民币计算，合 10504 美元，按 2000 年美元汇率计，2020 年人均 GDP 为 6989 美元（通过 US Inhation Caleulator 计算得出）；③农村劳动力比重 = 第一产业就业人员 / 就业人员；④根据国家统计局数据，"农业占 GDP 比重"用"第一产业增加值占 GDP 比重"表示；⑤根据最新发布的第七次人口普查数据，2020 年"农村人口比重（居住在乡村的人口比重）"为 36.1%；⑥ 2020 年现行标准下农村贫困人口全部脱贫，故"农村贫困人口"与"农村贫困发生率"都为 0；⑦根据国家统计局数据，2020 年城镇居民人均可支配收入为 43834 元，农村居民人均可支配收入为 17131 元。

▶ 绿色发展理念在农业上落实的关键

绿色发展不仅是中国传统农业发展方式的必然转变，更是中国实现农业高质量发展的必由之路（杜志雄、金书秦，2021）。自党的十八大报告提出绿色发展理念以来，政府出台了诸多政策措施，较大程度地提升了农业绿色发展水平。2012—2018 年，全国农业绿色发展指数从 73.46 提升至 76.12，资源的节约与保育、生态环境安全和绿色产品供给等绿色治理措施的效果得到了不同程度的提高（余欣荣，2021）。"但总体上看，农业主要依靠资源消耗的粗放经营方式没有根本改变，农业面源污染和生态退化的趋势尚未有效遏制，绿色优质农产品和生态产品供给还不能满足人民群众日益增长的需求。"[①] 要从根本上将以高投入、高产出、高资源消耗和高环境污染为特征的传统农业发展方式转变为绿色发展方式，需要以绿色发展理念为引领，将该理念贯穿整个农业体系（杨久栋，2018）。进一步促进农业绿色发展，需要注意把握绿色发展理念在绿化农业经济实践中的一些关键问题。

落实绿色发展理念应注意因时制宜、因地制宜。中国各地区域差异大、差距大，各地经济社会发展不平衡。要重视地方仅为响应中央号召，不顾当时当地自身条件而不合理地采取治理措施的情况。以稻渔综合种养为例。稻渔综合种养因能将水稻种植与水产养殖有机结合，通过物种间的互惠和资源的互补来节约利用土地、增加经济产出、改善稻田生态环境（陈欣、唐建军，2013），被农业农村部誉为"现代农业发展的成功典范，现代农业的一次革命"（张胜金戈等，2018），因而受到地方政府的强烈推崇。尽管中央层面要求"稳步发展稻渔综合种养"，但在地方上，有些地区发展太快。2018年和2019年全国的稻渔综合种养面积分别达3200万亩和3500万亩，覆盖了除北京、甘肃、西藏、青海以外的27个省份。其中对稻虾共作种养模式的推广更是经历了"井喷式"发展。2018年和2019年的稻虾共作面积分别占全国稻渔综合种养总面积的49.67%和47.70%。若地方对中央层面提出的绿色发展理念理解有偏差，则可能导致地方对稻田转用为稻虾共作田的合理性和可行性缺乏科学评估，从而对粮食安全或生态造成负面影响。在不同地

[①] 中共中央办公厅，国务院办公厅.关于创新体制机制推进农业绿色发展的意见[R/OL].（2017-09-30）.http://www.gov.cn/xinwen/2017-09/30/content_5228960.htm.

区和不同时期，农业绿色发展的着力重点具有一定差异，并非是齐头并进的（杜志雄、金书秦，2021）。因此，绿色发展措施的采取要因时制宜、因地制宜。

落实绿色发展理念应正确处理政府干预与市场的关系。农业绿色发展需要政府采取补偿等干预手段，使经营主体所采取的农业绿色发展治理措施产生的成本、收益与相应的社会成本、收益一致。但是，政府应明确自身的行为边界，通过建立机制进行引导，而非采取过多干预，否则政府抽身之后，之前的治理措施将难以维系。一些地区对稻虾共作的推动，即反映出政府的过多干预。例如，2019年江西某地对连片50亩以上的稻虾共作田每亩补贴300元；安徽某市2018年1号文件提出了到2020年全市稻虾共作面积达到50万亩的发展目标；2018年湖北某市对连片面积500亩以上的稻虾共作田每亩补贴高达880元。政府干预导致稻虾共作发展过快，可能产生污染物过量排放、粮食生产受威胁等负面影响。稻虾共作如果管理得当，确实能够带来一定的正外部性，但其产品小龙虾和稻米都是市场上的普通商品，被市场供求关系所左右，因而，"稻虾共作"还应以市场行为为主。若政府干预使其发展过多过快，或过于追求经济收益，一方面可能导致污染排放超过区域环境容量，另一方面也可能使不适合稻虾共作的稻田因受政府补贴的驱动而转用为稻虾共作田，威胁粮食生产（谭淑豪等，2021），最终使结果与绿色发展相悖。因此，政府在推进绿色理念落实中，需要处理好与市场的关系，尊重市场规律，充分调动各类市场主体参与农业绿色发展的积极性、主动性和创造性。

加强政府、生产者和消费者等利益相关者之间理念的对接。政府的单方面推动很难转化为生产者的切实行动。以化肥和农药减量措施为例，《2020

年农业农村绿色发展工作要点》提出，深入开展化肥、农药减量增效行动，确保化肥、农药利用率均提高到40%以上，保持二者使用量负增长。实践中，如何能够通过数以万计的各类经营者的个体行动来实现这些集体目标？需要在防止政府过分干预的基础上，给落实绿色发展理念的生产者以正向激励，使其与政府理念保持一致。同时，需要强化消费者的绿色发展理念，使其科学合理饮食，进而影响食品生产（如多样化）和加工链，减少饮食选择对生态的影响，从而有益环境和公众健康。发展绿色农业，需要在产品价格中反映经济、环境和社会系统的真实成本。这就需要将与资源消耗和环境退化有关的外部成本内化，并制定绿色治理激励措施，从而将产生的正外部性通过食品成本定价来核算环境和社会影响。

提高绿色发展理念落实的整体观。落实绿色发展理念，忌"头痛医头、脚痛医脚"，应边治理边保护。土地是农业最重要的生产资料和劳动对象，应将土地视为各种有机物和无机物构成的生命共同体。要认识到，人类是土地生命共同体的一员，不能凌驾于其他成员之上。这就要求绿色发展理念的重点由过去简单注重环保向目前和今后高度重视生命共同体转变，关注资源、安全、健康、产业、环境等多重目标协同实现。同时，促进农业绿色发展要保障粮食和营养安全。农业绿色发展意味着面对日益增长的人口和粮食需求，整个粮食供应系统必须能够抵御气候变化和宏观经济冲击的不利影响，这将对农业和食物的系统根本性转变提出要求。此外，以绿色发展理念促农业绿色发展，不仅需要新技术，还需要新知识、新管理技能以及更加有效的治理，同时，须防止重技术、轻知识和管理的绿色发展治理方式。这要求对财政和金融资源重新进行分配和调整，为产生公共物品的农业发展活动提供更多资源。

以绿色发展理念促农业绿色发展的政策建议

自党的十八大提出绿色发展理念以来，中国农业绿色发展已经取得了一些可喜成绩，但目前农业发展中还存在对生态脆弱地区的过度开垦，对草原的过度放牧，对河湖水域的过度养殖，对化肥、农药等的过多投入，对作物秸秆等废物资源的不当处理以及对水、土资源的低效利用等诸多不可持续的问题。对此，2017年9月，中共中央办公厅、国务院办公厅印发了《关于创新体制机制推进农业绿色发展的意见》，对中国农业绿色发展提出了总体要求，提出优化农业主体功能与空间布局、强化资源保护与节约利用的具体意见，并围绕产地环境保护与治理、农业生态系统的养护修复等提出了明确的机制及保障措施。本文以绿色发展理念落实的关键方面为基础，构建相关政策框架（见图3-2）。其中，将绿色发展理念融入与农业绿色发展相关的法律法规的制定，培育和引导全社会绿色发展理念，促进绿色生产和合理消费等机制创新，是农业绿色发展政策框架的三大重要支柱。

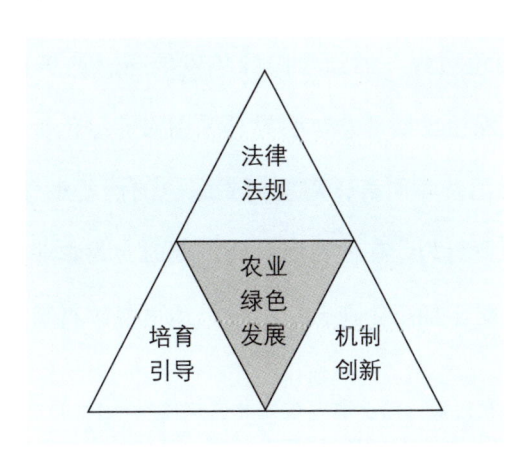

图3-2 以绿色发展理念促中国农业绿色发展的政策框架

第一，需要制定农业绿色发展相关的法律法规，以便用法律手段强化人们的绿色发展理念，从而为绿色发展保驾护航。以东北黑土地的保护为例。据媒体报道，在东北黑土地的利用和保护中，存在以流转土地的名义盗采耕地的黑土层并用于商业售卖的行为[①]。东北黑土区是我国的粮仓，黑土地是黑土区大粮仓的粮食生产基础，被称为"耕地中的大熊猫"。保护好黑土地是端牢"中国饭碗"和保障中国粮食安全的"底气"，是推进我国农业绿色发展的一项重要行动[②]。东北地区地多人少，盗采黑土层以谋取利益的行为很难被及时发现，而这一行为将极大地破坏耕地，损害粮食安全的基础。缺乏法律法规的约束使这种破坏行为即便被发现也难以制止。相似的情形也发生在某些地方对地表水资源和地下水资源的滥用和超采上。对此，应制定相关法律法规，对宝贵的黑土资源和地表水及地下水等与农业绿色发展密切相关的自然资源进行强制性保护。

第二，需要加强对全民绿色发展理念的培育和引导，强化全民的绿色发展理念，并使之落实到个体的行动中。建议围绕重要绿色发展措施，发挥政府、科研机构、农业生产者、加工企业以及消费者等不同利益相关者的作用，明确各自的角色边界，加强全民绿色发展理念的培育。如对生产者来说，要通过培育其绿色发展理念，引导其采用农业绿色生产行为或采纳农业绿色生产技术；对消费者而言，需要树立绿色的消费观念，调整饮食结构，采取环境友好的消费行为，在使自身健康的同时，为农业绿色发展和全球环境健康作出贡献；对于加工企业，应尽量采用可降解材料进行包装，同时拒

---

① 新华社. 割股自啖！黑土地竟被如此盗挖盗卖! [R/OL]. (2021-04-30). https://baijiahao.baidu.com/s?id=1698421489189630359&wfr=spider&for=pc.

② 中共中央 国务院关于全面推进乡村振兴加快农业农村现代化的意见 [R/OL]. (2021-01-04). http://www.moa.gov.cn/xw/zwdt/202102/t20210221_6361863.htm.

绝过分包装；对于政策制定者，要以人为本，明确政府与市场的边界。这可以通过政府制定政策措施，对采用绿色生产技术、消费方式和加工模式的行为主体给予一定的政策支持，调动其采取绿色行为的积极性。

第三，要重视农业发展中加工和消费等各环节的机制创新，让绿色发展理念在每个环节都得到贯彻落实，以减少资源不必要的消耗。目前，农业绿色发展理念落实于生产环节方面的行动较多，但落实于加工和消费环节的较少，而绿色理念在这两个环节的落实与农业绿色发展能否真正实现密切相关。以消费者的"光盘行动"为例，如果消费者没有正确的消费理念，不注重食物的消费结构，过度消费依赖高污染排放的食物，如牛羊肉等，就可能给农业环境带来额外的负担；而不能践行"光盘行动"，浪费食物，也会使农业生产耗费更多的资源，这些都不利于农业和经济的绿色发展。实际上，践行"光盘行动"不仅需要消费者自身保持合理的膳食结构，而且需要创新机制，使其不想浪费、不会浪费、不能浪费食物。想要实现"不想浪费"，需要厨师烹饪诱人可口的食物，以提高消费者的食欲；想要实现"不会浪费"，可将食物小盘化，以使消费者既能品尝种类较多的食物，也能因每盘食物适量而不至于浪费；想要实现"不能浪费"，需要通过经济或法制手段，对浪费行为实行强制约束。由此可见，落实绿色发展理念需要生产者、消费者和政策制定者联合行动，也需要经济各环节的机制创新。

此外，以绿色发展理念促农业绿色发展，还需要吸收和保护中国传统农业实践中的绿色发展元素，如加强农业文化遗产保护，充分发挥地方和传统农业知识对促进中国农业绿色发展的作用。同时，可通过 FAO 和世界银行等国际组织，加强全球农业绿色治理合作，交流绿色发展理念，分享农业绿色发展知识，学习和借鉴国际先进绿色技术和实践，以促进中国农业的绿色发展。

中国人民大学硕士研究生叶卓卉对本文亦有贡献。

参考文献

［1］2020 中国稻渔综合种养产业发展报告全文公布 [OL].(2020-09-10).http：//www.shuichan.cc/news_view-407790.html.

［2］Pancino,Blasi. Green Growth，OECD Strategy[J].Bankpedia Review,2013,3(1):7-10.

［3］Food and Agriculture Organization of the United Nations. Greening the Economy with Agriculture[OL]. http://www.fao.org/fileadmin/user_upload/suistainability/docs/GEA_concept_note_3March_references_01.pdf,2012.

［4］Tilman, Clark. Global diets link environmental sustainability and human health[J].Nature,2014,515(7528): 518-522.

［5］利奥波德.沙乡的沉思[M].侯文蕙,译.北京：新世界出版社,2010.

［6］陈欣,唐建军.农业系统中生物多样性利用的研究现状与未来思考[J].中国生态农业学报,2013(01).

［7］杜志雄,金书秦.从国际经验看中国农业绿色发展[J].世界农业,2021(02).

［8］郭施宏.人与土地的伦理关系——评奥尔多·利奥波德的《沙乡年鉴》[J].社会发展研究,2014(01).

［9］世界银行.2008年世界发展报告：以农业促发展[M].胡光宇,赵冰,译.北京：清华大学出版社,2008.

［10］速水佑次郎,神门善久.农业经济论[M].沈金虎,译.北京：中国农业出版社,2003.

［11］谭淑豪,刘青,等.稻虾共作的经济、环境和社会分析：基于农户视角[M].北京：中国农业出版社,2021.

［12］余欣荣.科学认识和推进农业绿色发展[N].人民日报,2021-1-25(009).

［13］张胜金戈,刘佩,等.基于"稻虾共作"模式的SWOT分析及可持续发展战略研究[J].中国水产,2018(02).

［14］杨久栋.绿色发展是现代农业建设的重大使命[J].光明日报,2018-07-11(006).

以乡村生态振兴推动绿色发展

刘垚

清华大学建筑设计研究院生态环境研究中心主任、研究员

近年来，国内一些地区对乡村生态、农业发展、文化旅游、人居环境、产业格局等方面进行了整治和提升，取得了很好的成效。其中，河南省周口市的淮阳区就是一个很好的范例。例如，在乡村生态方面，淮阳区对部分乡村河道进行了绿化，对部分村庄的宜林地、道路和坑塘进行了美化，引导示范村根据"一村一景"的规划进行生态建设。在农业发展方面，淮阳区是河南省农业大区，全区农田林网控制率达95%，区域内都市生态农业已起步，尤其在设施农业、观光农业等方面有了初步发展。在文化旅游方面，目前，部分村镇通过挖掘当地特色民俗文化、非物质文化遗产等，开展农家乐、民俗文化节、非遗艺术节等，带动了乡村文化旅游的发展。在人居环境方面，淮阳区强力推进农村人居环境集中整治工作，高度重视农村垃圾治理，建立农村垃圾治理长效管理机制，围村垃圾、坑塘垃圾及沟渠垃圾基本得到清

除，乡村人居环境得到改善。在产业格局方面，形成了"一乡一业""一村一品"的产业扶贫格局，基本实现了建档立卡贫困户产业扶持全覆盖。

▶ 问题剖析

乡村生态有待进一步完善和提升。淮阳区主要存在两个问题：一是缺少乡村生态全局战略统筹，淮阳区乡村生态建设须从优化田园、水系、村落的总体格局出发；二是坑塘河沟等个别治理方式易造成生态隐患。

乡村旅游缺少精品项目，旅游配套设施亟待完善。淮阳乡村旅游处于初级阶段，以餐饮和观光为主，缺乏与乡村文化相结合的深度体验，不利于乡村全域旅游的发展。

乡村文化创新能力不足，难以"出圈"。目前既有的乡村文化表现形式单一，以民俗表演和传统实物展示为主，缺乏文化创新，不能实现文化活化，缺少持续吸引力，难以实现乡村文化"出圈"。

农业仍需要高质量发展。淮阳区虽有了生态农业的雏形，但是农业发展仍相对粗放，缺乏农业创新理念，农业发展的产业链亟待延伸，农业与旅游、文创、科技等融合发展的程度较低。

▶ 淮阳乡村生态振兴暨绿色发展的路径

以生态为基。乡村生态是基础，也是农业产业继续保量提质的关键。乡村生态涵盖农田、湿地、水域、村落，稳定的可持续生态基础会为乡村的文化繁荣、绿色发展留足空间。

以文化为脉。乡村作为当地文化传承的重要载体，有很大的发展空间，同时乡村文化振兴、繁荣兴盛乡村文化也是乡村振兴战略的重要组成部分。

以规划为纲。乡村振兴是一项须长远谋划的系统工程，需要系统性、前瞻性的规划及总体性的引领和整合。

产业融合。乡村生态振兴，需要乡村农业、手工业、服务业等多产业的融合发展，实现生态产业化和产业生态化，实现多元化的生态产品价值。

绿色发展。以绿色发展引领乡村振兴，统筹淮阳全域乡村生态基底、环境和系统，建立部门、机构、村镇联动协同机制，实现绿色经济模式转型。

淮阳乡村生态振兴暨绿色发展的建议

规划引领、统筹发展。以周口市淮阳区启动"十四五"规划、在编国土空间规划为契机，整合淮阳区"百镇千村"试点规划、《淮阳区全域旅游发展规划（2021—2030）》以及各类乡村片区及专项规划，统筹好与周口市中心城区的发展、统筹好淮阳文化旅游城的发展、统筹好城市与乡村的发展，为生态的优化、文化的发展、产业的融合等关键要素留足空间。

蓝绿交织，产业融合。高质量的乡村振兴需要平衡生态系统底板和产业发展之间的关系，农田、林木、沟渠、坑塘、村落都是乡村生态的有机组成部分，需要生态化的治理和提升。淮阳的乡村要成为以水为脉、以水定产、以水利民，融合生态、文化、产业、生活的综合载体。同时以水脉结合乡村空间结构和产业片区特色，打造乡村绿色产业通道、绿色景观廊道，让淮阳的乡村成为"蓝心绿带交织、产业融合发展"的美丽乡村。

谋划项目，绿色驱动。主要措施有：一是以农业产业为基础，随科技和信息不断升级的现代农业示范项目，包括高产农业、创意农业、精致农业、绿色农业等；二是服务农业绿色发展的环境和设施类项目，包括农村河流、水库、坑塘等水系的综合治理及水利工程；三是有条件的乡村引入特色产业，不同的村定位对应发展不同产业，延伸产业链条，打造田园综合体和特色民宿，建设特色美丽乡村，开启乡村旅游的绿色发展通道，为淮阳全域旅游的架构给予有力支撑。

农村生态文明建设的历程、现状与前瞻

司林波

西北大学公共管理学院教授、博士生导师

▶ 农村生态文明建设的历程

我国农村生态文明建设的探索与实践主要起始于改革开放以后。农村环境保护政策的发展历程反映了农村生态文明建设在特定时期的关注点。按照农村环境保护政策在不同时期的侧重方向和发展特点,可将改革开放以来我国农村生态文明建设的历程大致分为初步探索、持续发展、深度调整和全面推进四个阶段。

初步探索阶段。1979年党的十一届四中全会通过的《中共中央关于加快农业发展若干问题的决定》首次明确提出"要认真研究防治化肥、农药对作物、水面、环境造成污染的有效办法,并且积极推广生物防治",反映了党和国家在历史转折的关键时期对农业发展和环境保护工作的广泛重视。同样是在1979年,《中华人民共和国环境保护法(试行)》出台,农村环境也被列入法律保护的范围。随后，一些农村地区在政策指导下，相继建立起农村环境管理机构。随着党和国家对环境保护的重视，随后出台的《关于环境保护工作的决定》（国发〔1984〕64号）等一系列文件，在规定了防治污染和自然环境破坏的同时，也对保护农村环境、防止农村环境污染有所关注。这一系列政策的出台对农村生态文明建设起到了积极的促进作用，但直接关于农村环境保护的政策仍然较少且内容较为零散。

持续发展阶段。1992—2004年是我国农村生态文明建设的持续发展阶段。这一时期，我国社会主义市场经济体制确立，农村经济得到进一步发展。但经济的高速发展也使得农村的生态环境遭到了严重破坏。为进一步促进经济与环境的协调发展，1992年出台的《中国环境与发展十大对策》明确提出要大力推广生态农业。1994年颁布的《中国21世纪议程》也指出要积极推动农业和农村的可持续发展，这是中国走向21世纪，实现可持续发展的关键。随着对农村生态环境保护的逐步重视，原国家环境保护总局（现为国家生态环境部）于1999年专门发布《关于加强农村生态环境保护工作的若干意见》的通知，对改善农村生态环境质量提出了具体要求。2001年出台的《国家环境保护"十五"计划》对"十五"期间环境保护工作作出新的战略部署，明确提出改善农村环境质量是环境保护的重要任务。这一阶段，我国坚持可持续发展理念，注重经济发展与环境保护并行，农村环保政策内容更加全面和细致，政策可操作性显著提升，农村生态文明建设迈出实质性的一步。

深度调整阶段。2005—2011年是我国农村生态文明建设的深度调整阶段。伴随着农村经济的快速发展和深入改革，农村生态文明建设进入深度调整阶段，主要表现为对农村环保资金以及政策内容等方面的调整和改革。

2005年,《中共中央 国务院关于推进社会主义新农村建设的若干意见》出台,就改善农村环境,推动社会主义新农村建设提出一系列举措。2006年,原国家环境保护总局印发了《国家农村小康环保行动计划》,为有效控制农村环境污染,进一步推进农村环境保护工作提供了行动指南。2008年,国务院首次召开农村环境保护工作会议,重点强调要统筹考虑城乡环境保护工作,加大资金投入,建立健全农村环保的政策体系和长效机制。这一阶段,政府主要从城乡协调发展的角度对农村生态文明建设进行整体布局和深度调整。与之前相比,这一时期党和政府不仅强化了相关政策的出台,更加强了组织领导和对农村环保资金的管理。

全面推进阶段。2012年,党的十八大将"生态文明建设"融入"五位一体"总体布局,我国有关农村生态文明建设的相关政策也密集出台。2013年中央一号文件《中共中央 国务院关于加快发展现代农业 进一步增强农村发展活力的若干意见》进一步提出了努力建设美丽乡村,加快推进农村生态文明建设的新目标。2017年,党的十九大报告提出实施乡村振兴战略,其中一项重要内容就是建设生态宜居的社会主义新农村。2018年,《国家乡村振兴战略规划(2018—2022)》等文件的出台,将农村生态文明建设提升到国家战略高度。2020年,习近平总书记在中央农村工作会议上指出:"要加强农村生态文明建设,保持战略定力,以钉钉子精神推进农业面源污染防治,加强土壤污染、地下水超采、水土流失等治理和修复。"这为我国农村生态环境保护与治理工作指明了重点和方向,是我国农村生态文明建设的基本指南。这一阶段,在党和国家一系列政策的推动下,我国农村生态文明建设取得了显著成效。在新的历史时期,农村生态文明建设的主要目标在于建设美丽乡村,从乡村振兴的角度对农村环境治理进行总体部署,农村生态文明建设有了更高的追求。

▶ 农村生态文明建设的成就

绿色发展方式逐步建立。产业振兴是农村生态文明建设的重要物质基础，在农村生态文明建设的探索和发展过程中，各地农村依托自身优势资源和区位特色，走出了一条各有所长的生态产业振兴之路：一是形成了一批农村生态产业发展的成功典型范例，例如，河北塞罕坝不仅让环境面貌有了改变，还创造了巨大的生态及经济价值，为全球生态安全作出新贡献。浙江安吉县将环境保护与经济发展相结合，为农村生态文明建设提供了可供参考的样板。二是积极利用现代先进科技创新成果，深入推进农业产业生态化，我国粗放的农业生产方式逐步改善。通过在农业中植入创意元素，将农业资源、生态资源转化为经济资源，实现了休闲农业和乡村旅游的快速发展。

农村人居环境显著改善。改善农村人居环境是农村生态文明建设的一场硬仗。党的十九大报告将生态宜居作为乡村振兴战略的重要内容，明确要求开展农村人居环境整治行动。2018年年底至2019年年初，《农村人居环境整治三年行动方案》《农村人居环境整治村庄清洁行动方案》《关于推进农村"厕所革命"专项行动的指导意见》等相继出台，这些政策的有效落实使得农村垃圾、污水、面源污染等问题得到一定程度的解决，在一定程度上改变了村容村貌，农村人居环境得到了极大改善。农业农村部发布的相关数据显示，到2019年上半年，全国80%以上行政村的农村生活垃圾得到有效处理，近30%的农户生活污水得到处理,农村改厕率超过一半,污水乱排乱放现象明显减少,厕所卫生环境得到明显改善。

农村生态文明制度规范建设不断完善。党的十八大以来,党中央高度重视生态文明相关法律法规和制度建设。党的十八届三中全会通过的《中共中央关于全面深化改革若干重大问题的决定》提出,要"建立系统完整的生态文明制度体系,实行最严格的源头保护制度、损害赔偿制度、责任追究制度"。2014年4月修订的《中华人民共和国环境保护法》也对农业环境保护、农村环境综合整治、农业面源污染防治等进行了原则性规定,虽然比较宽泛笼统,但也为农村生态文明制度建设提供了必要的国家层面的法律保障。除了全国层面的法律法规,地方性立法也开始关注农村环境保护。随着地方性农村生态环境保护条例的出台,地方层面的农村生态文明制度建设也逐步完善。

农村生态文化建设初见成效。生态文化是生态文明的基础工程。党的十八大以来,习近平总书记关于"绿水青山就是金山银山""保护生态环境就是保护生产力"等生态文明建设的思想和观点已广泛传播,已形成农村生态文明建设的重要文化资源,并深刻影响了广大基层干部和农民的生态环境观和生活行为习惯。总体来看,实现农业农村现代化的绿色发展之路已形成共识,生态化生活方式在农村的认同度逐步提高,并表现在其生产和生活行为方式中,如主动参与厕所改造,滥用农药、随意焚烧秸秆等行为越来越少,农村生态文化建设初见成效。

农村生态文明建设面临的突出问题

农村生态环境污染依然较为严重。首先是农业面源污染严重,农业生产中化肥、农药的过量使用,农膜的滥用以及畜禽和水产养殖业带来的污染都是面源污染的来源。根据《中国统计年鉴》的数据,2018 年我国农用化肥施用量高达 5600 多万吨,而利用率仅为 30% 左右,大量农用化肥流失到土壤中,对水资源和土壤造成严重污染。虽然我国农药使用量呈下降趋势,但 2018 年使用的农药商品量仍超过 150 万吨,同时由于缺乏对农药包装物的有效回收机制,随意丢弃现象严重,农药包装物中的残留农药也是污染源之一。此外,残存在土壤中的大量农膜以及畜禽和水产等规模化养殖业水污染物排放也对农村生态环境造成了严重危害。除了面源污染形势严峻,农村工业污染、农民生活污染同样不容忽视。

农村生态文明建设资金投入不足。资金投入不足是农村生态文明建设的重要"瓶颈"。这主要体现为:一是农村环境保护基础设施建设投入不足,虽然近些年来在农村垃圾、污水处理设施建设方面取得了积极进展,但离农村生态环境保护的实际需要还存在较大差距。目前对农村环保基础设施的已有投入绝大多数是能为地方带来直接经济效益的项目,而大量无法直接创造经济收益但却对地方生态环境保护与修复具有重要影响的基础设施建设则得不到应有的重视。由于资金投入不足,目前相当一部分农村的垃圾、污水排放没有得到有效治理。二是适合农村环境保护的科技创新投入不足,面对农村的垃圾、污水排放问题,往往将治理城市垃圾和污水的技术照搬到农村,但这些技术并没有考虑到农村环境污染的分散化特点,投入大量资金建设的污水处理厂和垃圾处理站往往被闲置。

农村生态文明法律制度建设需要进一步完善。虽然党的十八大以后，国家部委出台了一系列推进农村环境治理的文件，但这仅属于政府规章层面，法律位阶不够高，农村生态文明建设长效机制的法律基础尚不牢固。虽然新修订的《中华人民共和国环境保护法》也有涉及农村环境保护的内容，但大多是对县乡政府在农村环境保护公共服务和农业面源污染治理中基本职能的原则性规定，缺乏现实针对性和可操作性。农村生态文明建设的专项法律法规建设明显滞后，并且现有的涉及农村环境保护和治理的法律规范覆盖面较窄，不能有效覆盖农村农业面源污染治理、山水林田湖草系统治理等关键领域。同时，作为农村生态文明建设重要制度支撑的农村自然资源产权和用途管制制度以及生态补偿和绩效评价制度建设还有待加速推进和完善。

农民的生态文化意识仍须加强。虽然"绿水青山就是金山银山"已经耳熟能详，但当二者发生矛盾时，偏重"金山银山"的短视行为依然存在。在农村生态文明建设中，虽然各级政府发挥着主导作用，但最终的建设主体和受益主体仍然是农民，缺乏农民参与的生态文明建设注定不会成功。然而在实际中，广大农民对生态文明建设和绿色发展观的内涵和意义的理解还不到位，绿色生产和生活方式还没有真正形成。特别是地处相对偏远和欠发达地区的农民，由于知识水平较低，缺乏生态环境保护的意识。加之受限于小农经济观念，他们更看重短期经济效益，往往重开发而不考虑或较少考虑对生态环境的保护，甚至为了经济利益而做出破坏环境的行为。

农村生态文明建设前瞻

加强农村生态保护与治理,加快美丽乡村建设。我国农村环境问题的出现,很大程度上与农业生产和农民生活方式的不合理有关。生产生活产生的废弃物无法实现有机循环利用,必然造成农村生态环境的污染,损害农村人居环境。因此,农村生态文明建设必须从以下几点加大对农业面源污染的防治力度:①加大技术研发力度,提高农药化肥利用率,减少农药化肥的使用量,加快有机化肥推广,探索生态农业发展之路;②强化养殖业、工业污染和农膜等白色污染专项整治,加强对土壤资源的管控和修复。生态宜居是农村生态文明建设的重要目标,农村生态文明建设必须加强农村垃圾收集、污水处理等基础设施建设,进一步提升人居环境质量,特别是要总结"厕所革命"实施以来的经验和教训,真正做到因地制宜,切合实际地科学规划厕所改造的有效实现模式,加快美丽乡村建设步伐。

转变农业发展方式,大力推进绿色低碳循环农业发展。农村生态文明建设必须从以下两点大力促进生态产业振兴:一是加速由高耗能、高污染的粗放型农业生产方式向清洁循环的集约型农业发展方式转变,加强农业科技研发与推广应用,建立覆盖农业生产资料供应、农业技术研发与应用、农业产品加工和服务流通的全产业链绿色化农业发展模式;依托区域资源优势,开发特色生态农业产品,加强农业与旅游业的有机结合,大力发展绿色休闲农业,加快乡村生态旅游业发展。二是促进农业资源循环利用,大力实施农业标准化生产,积极推进农业清洁生产,低碳发展,提高禽畜养殖废弃物资源化利用;建立完善的农业用水管理制度,依靠技术进步,发展节水技术,推广污水治理和回用技术,加强水资源的保护和循环利用。

完善农村生态文明制度建设，强化组织领导与激励。农村生态文明建设必须加强制度建设，用制度保护生态环境，具体可从以下几点着手：一是要尽快在国家层面建立一部关于农村环境保护的专门性法律法规，并通过配套法律规范建设逐步将农村生活垃圾污水的处理要求、农业面源污染的防治要求，以及农业生产中农药化肥的使用标准、农村工业生产中的排污标准、规模化畜禽养殖业废弃物资源化利用标准等全面纳入法律规范，实行最严格的农村生态环境保护制度；二是要加速农业自然资源产权制度、有偿使用制度和生态补偿制度建设，加快山水林田湖草等农业自然资源的确权登记，明确和细化农村自然资源的所有权、经营权、承包权、流转权，严格执行耕地保护制度、水资源管理制度；三是加强组织领导和激励机制建设，细化落实县市、乡镇、村三级组织的责任分工，加快建立农村生态环境信息资源共享和监管大数据平台，建立健全农村生态环境治理绩效评价与问责激励制度，以科学评价和精准问责与激励助推农村生态环境治理。

加强农村生态文化建设，加大资金投入力度。农村生态文化建设是文明乡风建设的重要内容。要做好农村生态文化建设，须做好两点：一是加大生态文化宣传教育，通过推出生态保护典型案例和作品，提高广大农村农民对生态保护的认知水平和重视程度，让生态文明思想在农村大地扎牢、扎实，提高广大农村干部群众的生态文化自觉意识；二是深入推进创建绿色乡村，鼓励绿色消费，推广环保清洁能源，推进餐厨废弃物资源化利用，逐步形成绿色低碳的生态消费观和生活方式，推动农村生态文化发展。此外，各级财政应该加大投入，"扎实推进乡村建设，以农村人居环境整治提升为抓手，立足现有村庄基础，重点加强普惠性、基础性、兜底性民生建设，加快县域内城乡融合发展，逐步使农村具备基本现代生活条件"。

参考文献

［1］姜文来.加快构建农村生态文明建设新格局[N].中国环境报,2021-01-06.

［2］符明秋,朱巧怡.乡村振兴战略下农村生态文明建设现状及对策研究[J].重庆理工大学学报（社会科学版）,2021(04).

［3］司林波,裴索亚.跨行政区生态环境协同治理的绩效问责过程及镜鉴——基于国外典型环境治理事件的比较分析[J].河南师范大学学报（哲学社会科学版）,2021(02).

构建国家粮食安全新发展格局

崔宁波

东北农业大学经济管理学院、现代农业发展研究中心教授、博士生导师

  粮稳国安，中国的粮食安全问题绝不能掉以轻心。当前我国粮食供给保障体系经受住了新冠肺炎疫情带来的巨大考验，依靠"以我为主、立足国内"有效化解了潜在的粮食危机。"十四五"开局之年全国粮食总产量再创新高，比 2020 年增长 2.0%，特殊之年大国粮仓的根基更加牢固，为保供给、稳大局、增信心提供了有力支撑。成绩显著的背后是党和政府的高度重视和全力支持，不过我国粮食安全的内部矛盾和外部风险相互交织也不容忽视，国内外环境条件正发生着深刻变化，这对未来保障国家粮食安全提出了更高要求。2021 年中央农村工作会议再次强调要牢牢守住保障国家粮食安全的底线，坚持"稳字当头、稳中求进"总基调，这为新时期稳住农业"基本盘"、端牢"中国人的饭碗"指明了方向。

现阶段国内外粮食市场的联系更加紧密,确保中国粮食安全必须置身于全球视角。基于新时代的历史方位和大变局的战略定位,以习近平同志为核心的党中央从全局高度创造性地提出"构建国内国际双循环相互促进的新发展格局"。在此背景下,确保国家粮食安全不仅为双循环发展提供了坚实的物质基础,也是双循环新发展格局的重要组成部分和关键环节,同时用好双循环战略已成为保障国家粮食安全的重要路径。因此,审时度势加快构建国家粮食安全新发展格局,既是基于现实国情主动适应粮食安全新发展阶段要求的必然选择,也是积极应对复杂多变的国际形势,尤其在激烈的国际竞争中占据优势、掌握主动的客观要求,这将进一步促进我国粮食安全保障体系的完善和保障能力的提升。坚持党对国内粮食安全工作的全面领导,继续提高政治站位,坚定走好中国特色粮食安全之路,以更加积极的心态和更为开阔的视野统筹利用好国内国际两个市场、两种资源,需要我们立足新发展阶段,构建国家粮食安全新发展格局。

▶▶ 以辩证思维看待新发展阶段国家粮食安全的机遇挑战

2021年注定是三农发展非同寻常的一年,"后小康时代"第一个五年开启了全面建设社会主义现代化国家新征程,而国内"三农"工作重心也开始转向全面推进乡村振兴、加快农业农村现代化的历史新进程。站在新的历史起点,中国的粮食安全事业迈入新发展阶段,把握好新发展阶段国家粮食安全面临的机遇挑战,是明确当前及今后一段时间内粮食政策方针的重要依据,也是党领导国内粮食安全工作的出发点和落脚点。

我国粮食供需形势长期偏紧，可以预见今后相当长一段时间内仍将维持"紧平衡"。随着我国人口的增长和消费结构的升级，城乡居民的粮食需求不断增长，需求结构也会发生巨大变化，但国内粮食供需错位、结构性矛盾依然存在。在当前技术水平和资源环境硬约束下，我国的粮食生产能力或已接近极限、粮食持续增产势头面临停滞，成本优势渐失、种粮收益下降、政策空间紧缩，未来"谁来种粮""如何种粮"的难题亟须破解。更进一步地，国内粮食产业尚处于成长和发展阶段，国际竞争压力大，粮食流通效率和现代化程度仍然不高，全产业链条较短、延伸不够，制约粮食产业经济的扩大化。从贸易形势来看，确保中国粮食安全尤其在饲料粮安全方面仍须借助国际市场。适度的粮食进口存在必然性和必要性，但我国粮食进口依存度增强、来源地集中和结构性失衡等潜在风险并存，参与全球粮食治理与贸易规则制定的角色定位有待深化。此外，节粮减损已成为迫切需要解决的重要问题，各种不稳定、不确定性因素叠加造成威胁或将成常态。

▶ 构建国家粮食安全新发展格局必须保持高度战略定位

立足新发展阶段，始终把饭碗端牢在自己手上，只有坚持问题导向，更好地在机遇和挑战面前迅速作出反应，才能在危机中育先机、于变局中开新局。粮食安全新发展格局与新时代国家粮食安全战略在内涵上高度契合，均主张"以我为主、立足国内"和充分利用两个市场、两种资源，不过前者更强调一个良性循环，即国内粮食经济循环与面向国际粮食经济循环相辅相成、双向联动，更好地服务于国家粮食安全高质量发展。绷紧粮食安全这根弦，最大限度地保持粮食安全的战略主动，要着重突出国内大循环的主体和基础地位，进而通过国内"自转"推动国际"公转"，共同努力维护好全世界的粮食安全。

高水平自立自强是构建国家粮食安全新发展格局的本质特征。"手中有粮、心中不慌"在任何时候都是真理。大国发展规律也证明，真正强大的国家一定有能力解决自己的吃饭问题。打铁还需自身硬，靠别人解决吃饭问题永远无法立足，掌握粮食安全主动权就要实现粮食高水平自立自强，稳步提升国内粮食供给保障能力和抵御风险能力。另外，双循环格局中确保中国粮食安全本身就是在为世界作贡献，而且通过繁荣我国粮食市场也可有效带动世界粮食经济复苏和发展，保障粮食安全是中国对世界负责的态度。突出重点扎实推进新时期国内粮食安全工作，应从引擎支撑、源头控制和根基强化等方面持续奋斗：第一，充分发挥科技创新引领作用。粮食安全问题的根本出路在科技支撑，要加快以自主创新为主导的农业技术进步，深入实施"科技兴粮"战略，加强粮食领域科研投入机制建设，聚焦前沿开展关键环节和领域"卡脖子"技术攻关，不断提高粮食全产业链的科技和物质装备水平，大力发展数字农业、智慧农业和设施农业。第二，坚决有力全面推进种业振兴。种为粮之源，粮以种为先，从源头确保国家粮食安全必须在良种方面挖掘潜力。要做好农作物种质资源保护利用，培育更具自主知识产权的优质粮食品种，集中力量联合攻关，形成产学研相结合、育繁推一体化机制，加快国家种业基地和重点工程建设，加强监管，不断优化种业市场环境。第三，毫不放松抓好粮食生产安全。粮食生产安全的根本在于粮食综合生产能力，要严格落实地方粮食安全主体责任，继续实施"藏粮于地、藏粮于技"战略，切实保护好粮食生产的命根子，确保耕地数量不减少、质量有提升，强化基础设施建设，改善粮食生产条件，协调好利益问题，提高农民种粮积极性，主产区、主销区、产销平衡区都要保面积、保产量，确保粮食产量保持在1.3万亿斤以上。

高质量供需平衡是构建国家粮食安全新发展格局的战略基础。高质量的粮食供需平衡不应是绝对的和静止的，而是动态的、变化的。加快构建国家粮食安全新发展格局的关键在于畅通国内粮食经济大循环，必须坚持辩证思维，处理好粮食供需之间的关系，在扩大内需的基础上着力提高供给体系质量，有效化解国内市场粮食供需匹配不合理和结构性矛盾，形成需求牵引供给、供给创造需求的高质量动态平衡。为此，从供需两侧双向发力，畅通粮食经济内循环，首先要抓好供给侧结构性改革这条主线，同时做好以下几点：一是优化粮食生产经营结构，要紧贴市场需求，动态调整种植结构和空间布局，增强粮食生产供给的优质化、安全化和适应性，积极培育新型职业农民，促进小农户与现代农业衔接和粮食适度规模经营协调发展，加快农业生产性服务提质增效；二是推动粮食产业做大做强，以乡村产业振兴和国家粮食安全产业带建设为契机，加快延伸粮食生产的前后向产业链条，不断提升粮食全产业链和价值链水平，大力开展精深加工，积极推进"优质粮食工程"，加强粮食品牌和产品销售体系建设；三是完善粮食收储制度改革，坚持市场化定价方向和分品种施策，逐渐理顺粮食价格形成机制，尽快形成优质优价的粮食收储机制，强化国家粮食储备轮换的灵活性，鼓励多元主体参与粮食收储，推动政策性农业保险逐渐向保总成本和收入转变。同时也要注重粮食需求侧管理，全力打通粮食需求侧方面的各种堵点，释放内需潜力，构建完整的粮食安全内需体系，在满足粮食需求增长和消费升级上做足文章，关注粮食需求差异化，在提高中等收入群体消费能力的同时加速农村消费市场培育，引导城乡居民合理消费、节约用粮和减少浪费。最后，还要建立健全粮食供需平衡的动态监测机制和预警防控系统。

高水平对外开放是构建国家粮食安全新发展格局的必然选择。置身全球视角，中国与国际粮食市场紧密相连，一方面，国际市场对中国解决粮食安全问题的影响力与日俱增，当然我们不能完全依赖粮食进口；另一方面，国内外粮食市场加速融合是大势所趋，中国始终是维护世界粮食安全的积极力量。长远来看，经济全球化仍是历史潮流，可以肯定中国粮食市场对外开放的步伐不会停止，新时期以高水平对外开放打造国际合作与竞争新优势，开拓粮食合作共赢新局面，营造国际粮食贸易新环境，是促进国内国际双循环协调发展的应有之举，要在以下几点寻求突破：第一，妥善处理好大国关系。必须保持足够的清醒认知和战略定力，在相互尊重的基础上加强对话、积极磋商、管控分歧，努力疏通谈判渠道，解决双边及多边贸易摩擦，重点引导中美关系进入良性竞争轨道，建立均衡发展的新型大国关系框架。第二，深化粮食国际合作体系。设立专项粮食领域国际合作发展基金，扩大粮食贸易与海外投资的一体化联系，积极同粮食出口大国签订长期稳定的国家协定和贸易合约，广泛参与国际农产品产业链分工，打造国际大粮商和大型农业跨国企业，加强与国际粮食贸易巨头的合作。第三，规避粮食进口贸易风险。建立更加自主的全球粮食供求信息系统，完善粮食贸易监测预警体系，促进粮食进口贸易风险防控关口前移，坚持粮食适度进口战略，优化粮食进口来源多元化布局，维护粮食等重要农产品贸易通道，用好用足政策空间，提升粮食进口调控能力。第四，积极参与全球粮食治理。明确角色定位，深度融入全球粮食市场，努力打破粮食贸易壁垒限制，谋求国际贸易规则制定调整的话语权和主导权，争取国际粮食定价权，推动改善广大发展中国家的粮食安全状况，提供粮食丰产增收的中国方案。

构建国家粮食安全新发展格局应着重处理好"五大关系"

面对世纪疫情和百年变局交织，端牢中国人的饭碗，坚定不移地做好自己的事情，确保国家粮食安全被赋予了更多时代内涵。构建国家粮食安全新发展格局是新发展格局下粮食领域统筹发展与安全的重大战略问题，是粮食产业高质量发展和农业农村现代化建设"双轮驱动"的必由之路。在双循环格局中要增强系统观念，将粮食安全置于全球农业开放大环境中，以更高的历史站位、更广的国际视野看待和处理粮食安全问题，以更实际的行动举措贯彻落实国家粮食安全战略，应着重处理好以下几组重大关系：

第一，处理好当前与长远的关系。粮食的基础性和战略性决定了粮食安全是一项常抓不懈的大任务。从粮食产量和粮食储备量上看，近期国家粮食安全有充分的保障。从资源消耗、财政压力等角度看，取得这一成绩代价颇大。在严苛的环境制约和经济压力下，未来要用更少的资源生产出量更多、质更优的粮食，可以预见，确保粮食安全是一场硬仗，依旧任重而道远。国家粮食安全新发展格局应兼顾好当前与长远，既不把长期目标短期化，也不把持久战打成突击战，应将满足当前需求与面向长期战略相结合，优化投入产出，不断提质增效，增强粮食经济竞争力和可持续发展能力，不断向更高质量发展迈进。

第二，处理好机遇与风险的关系。确保国家粮食安全仍处于一个重要的战略机遇期，至少未来 30 年国内粮食需求仍会保持持续增长趋势，而且消费升级所带来的高品质、多元化、个性化粮食产品需求将对供给调整产生积极的促进作用。双循环格局的构建为中国粮食产业更好、更快"走出去"提供了重要契机,在国内、国际双维度保障国家粮食安全中迎来了内外循环互动机遇。可以肯定,未来机遇与风险并存且二者都会有新的发展变化,要清醒认识粮食安全挑战明显增多的复杂局面,积极防范重大风险,同时在应对风险中应进一步积累对做好粮食安全工作规律性的认知,提高抵抗风险的能力。

第三,处理好国内与国际的关系。国内与国际两个市场、两种资源优势互补,协调配合,是持续提升粮食供给能力和有效应对粮食系统性风险的最佳组合。在立足国内的坚实基础上,中国高水平开放趋势不会改变,应积极对接国际粮食贸易相关规则,树立明确的粮食安全观、粮食贸易观,提高全球范围内的粮食贸易稳定性。要以"一带一路"为重点,坚持粮食进口来源和品种多元化并举,并鼓励竞争力强的粮企通过境外农业合作示范区等方式"走出去",积极参与全球粮食规则制定,有效嵌入世界粮食产业链、价值链、供应链,构建国际粮食产业风险预警防范体系,着力打造全球粮食安全命运共同体。

第四,处理好生产与生态的关系。粮食生产安全是粮食安全的核心。从现实来看,一味地以粮食增产为目的的生产行为加剧了生态环境退化,若以此为代价,则不能称为真正的粮食安全。必须纠正粮食生产与生态环境对立的错误认知,统筹协调粮食产能增加与生态绿色发展之间的积极互动关系;推行科学理性的绿色粮食生产行为,降低或杜绝对生态环境的破坏,使透支的资源环境能够休养生息,实现绿色兴粮、质量兴粮。保护生态,道阻且长,行则将至。要以踏石留印、抓铁有痕的劲头推进生态文明治理,有序做好生态修复与建设工作，以生态环境高水平推动粮食生产绿色发展，擦亮粮食生产的生态底色。

第五，处理好政府与市场的关系。粮食兼具公共产品和私人产品特征，保障粮食安全不仅是政府的责任，更是市场应有的担当。构建粮食安全新发展格局要高度重视政府的引导作用，积极发挥市场的决定性作用，其中，关键在于找到政府行为与市场功能的平衡点，避免政府过度干预与市场失灵。一方面，要完善和规范粮食利益补偿制度，另一方面，要充分利用市场的运作机制，强化市场调控以提升应对粮食安全风险的能力，并积极探索科学、合理的粮食产业利益分配制度，构建粮食产业利益共同体。有为政府和有效市场的双向促进推动我国粮食安全模式由被动型转向主动型，保障粮食安全新发展格局行稳致远。

东北农业大学经济管理学院博士研究生董晋、范月圆对本文亦有贡献。

当前加强农村土地资源利用与管理的策略

左停

中国农业大学人文与发展学院教授、博士生导师

当前一些地区存在的"卖土""盗土"等行为,不仅破坏了基本农田和生态环境,还使得农民利益受损。这些现象直接反映出个别基层短期逐利与新发展理念之间的冲突,间接折射出地方基层治理缺少准备和前瞻性以及失序等问题。农民的各种行为(合法或非法的)是在一定的社会结构、制度环境以及资源禀赋、社会关系等条件下的反应和选择。除了"卖土""盗土"等违法行为以及失范失序的边缘性违法违规行为如土地撂荒等,也有一些违规失范行为源于地方政府的行政要求,如下发通知要求"退果/苗/塘还粮""退林还耕"等。这些现象和问题往往具有隐蔽性和模糊性,缺乏具体的法律调整,而政府又监管不到位或者难到位,使得个别地区土地等资源利用无序和失范。要想彻底解决这些问题,需要政府部门进行深入思考、高度重视以及进一步规范、引导,补齐责任主体监管不到位和治理能力不足的短板,明确各利益主体间的责权利边界。

对一些地区农村土地资源利用失范失序行为的反思

上述农村问题既有老问题，也有新问题，既有直接的违法违规行为，也有因主管部门、主体组织之间管理协调不足或集体资源资产的权属关系模糊而导致的矛盾、纠纷和冲突。究其原因，笔者认为可以从三个视角来理解和分析：第一，农村集体资源资产本身的权属关系、属性定位、类别功能和利用体系，这是分析问题及解决问题的逻辑起点；第二，农村集体资源法定所有者或者代理者的农村治理组织的组织定位、管理机制和治理能力，也就是村级组织的实际作用如何，是否具有权威性，能否起到领导、激励和带动作用；第三，外部的管理与监督，包括三个层次，即相关法律法规的完善程度、主管部门管理与监督的精准程度以及政府相关政策制度引导和激励的充分程度等。

乡村现代化转型过程中土地管理责任体系及相关利益主体权责利关系失衡。土地利用失范失序问题看似零零散散，但本质上都是农村在从传统农业、集体化农业向现代经营农业转变，从计划经济向市场经济转变过程中产生的、因管理责任体系以及相关利益主体权责利关系改变而必然会出现的一系列问题。在转型过程中，依法治理是大趋势、总趋势，但政府行政力量从法律上逐步淡出了村级组织管理体系，导致乡村的管理责任体系和相关利益主体权责利关系出现了失衡现象。以农业管理涉及的有关法律为例，笔者发现，近些年的涉农法律处于密集修改修订过程。除了2018年制定的《中华人民共和国土壤污染防治法》属于新法，其余17部涉农法律均是2006年以前制定的，2009年以来修订的涉农法律有13部，其中有6部在近5年进行了重新修订，这反映了农业行政管理现代化方面与时俱进的压力。需要注意的是，制定并不必然代表法律的有效施行。因此，在实现农业治理现代化的过程中，需要通过"政府（国家）—村集体""政府（国家）—农民""村集体—农民"的责权利关系明确化、定位精准化、权利自主化以及利益再平衡，恰当地规定好和解决好国家目标与利益、政府施策、村集体的所有者权益和农户的经营自主权之间的法律关系。否则，在小户经营现代化和市场化的转型过程中还会出现更多问题。

部分资源资产缺乏清晰的权属关系，导致村民利益受损。农村土地可以分为农用地（即用于农业生产的土地）、集体经营性建设用地、宅基地以及"四荒地"（或称为未利用地，包括荒山、荒沟、荒丘、荒滩等）四类。前三类土地的用途比较清晰，而关于"四荒地"的法律规定甚少。过去一些地方为了鼓励开发，甚至提出"谁种谁有"的口号。尽管土地归集体经济组织所有，但个别行政村的集体经济组织流于形式，缺少实体性的经营和管理能力。比如，在农村土地确权过程中，个别地区对于"四荒地"绕着走，以至于"四荒地"在实际农村生产生活中处于"公共池塘"状态。当"四荒地"无利可图时，各方相安无事；当"四荒地"有利可图时，则很容易出现"精英俘获"或"公地悲剧"等现象。"四荒地"成为少数村民或个别村干部的牟利工具，使得村民利益受损、农村矛盾凸显，甚至是公共利益（国家粮食安全、耕地保护和生态环境保护等）被侵蚀（这也是一些农村纠纷和矛盾的焦点或诱因）。

行政主管部门的定位不准、监管缺位，在客观上难以抑制相关违法行为。农村集体资源资产的规划、管护和监督涉及县政府、发改部门、国土部门、生态环境部门、农业农村部门、公安部门等多层级、多部门。可以说，"卖土""盗土"等违法违规行为的出现，与主管部门、监管部门没有定位好、处理好各自部门的管辖事务密切相关。"卖土""盗土"现象属于土地资源管理的新问题。由于相关法律不明确，县级政府层面难以形成多部门联合执法和综合治理的态势。乡镇国土部门表示没有执法权，打击"卖土"行为只能依靠公安机关；而公安机关则称这是自然资源部门和规划部门的事情。政府内部行政主管部门的定位不准和缺位以及外部监管部门的不到位与难作为，造成了集体资源资产的被侵占、流失，在客观上助长了基层失范失序乃至违法行为的发生，损害了农民及村集体的长远利益。

土地所有者或所有者代理的村级组织治理能力不足，容易导致基层治理失序。乡镇政府之下的乡村为村民自我管理、自我教育、自我服务的基层群众性自治组织，实行民主选举、民主决策、民主管理、民主监督。行政村包含着多个具有领导属性的村级自治组织团体，包括村党支部委员会、村民委员会、村务监督委员会、村集体经济组织（一般由村委会代为行使权力或自身组建村股份经济合作社）等，它们共同构成了一个乡村治理的较为完备的组织架构，共同掌管着乡村的全部资源资产并完成党和政府下发的各项指标、任务、项目。然而，一些地方的村级自治组织并没有成为坚强有力的组织力量，农村青年人口的大量流出、农业从业人员的逐渐减少以及农村资源的相对闲置，使得村级自治组织的内部建设和治理能力不断弱化、涣散。特别是中西部地区的乡村，精英人口外流现象较为严重，村干部队伍人才匮乏，乡村治理滞后于时代发展和村民需要。总之，农村集体经济组织和村民委员会都具有重要的责权利，如果它们在组织能力、经济分配、资源掌控、角色定位和社会道义上丧失权威和能力，势必造成作为整体的村庄的衰弱和作为个体的村民的离散、分化，也必然诱发农村各类失范、失序、失衡问题，甚至会出现村干部腐败、权力寻租等违法违规行为。

农村土地利用方式失衡、发展机会不足容易催生村民投机行为。土地资源是农村发展和农户生计最根本的要素资源，但农民如何利用土地以及支配权力的边界界定尚存在较大的模糊性，以至于土地资源在农村和农民手中的利用方式呈现出单一、低效和失衡的局面。尽管农村存在着大量的土地资源等集体性资产，但其利用大多属于祖祖辈辈的自然延续，普遍存在前期规划不足等问题。当前，农村集体土地利用规划普遍存在资质和能力欠缺等问题，且土地规划门槛较高、成本较大。比如，如果需要政府的项目支持，就必须花费一定资金聘请相关有资质的单位进行规划设计。由于农业的比较弱势和优化配置不足、土地利用方式及开发体系失衡，部分地区的农业缺乏稳定、有效、可持续的营利性利用方式。在此情景下，外部诱惑一旦超越当前土地产能效益，便会诱发村民甚至村集体的各类投机行为。

▶ 加强农村土地资源利用与管理的策略和建议

加强农村土地资源利用与管理的策略和建议主要有以下几点：

第一，对标国家治理体系和治理能力现代化，补齐农业农村治理短板。加强和改进乡村治理体系建设是实现乡村全面振兴、巩固党的执政基础、满足农民美好生活需要的必然要求，更是推进国家治理体系和治理能力现代化的内在要求。面对农村从传统农业向现代农业、从计划经济向市场经济转型过程中出现的各种问题，我们应重新思考农业农村的行政管理问题，明确乡村现代化转型过程中的管理责任主体以及相关利益主体的权力边界、管理体系的重构和各利益主体之间的权责利平衡。

首先，要明确政府归口管理部门之间的权责关系，真正发挥好监督部门的作用，树立政府的公信力和权威。在做好主管业务的同时，县级人民政府应当发挥好统筹协调作用，力避"互相推诿""九龙治水"等懒政怠政行为。同时，面对新型城镇化、乡村振兴等带来的新治理任务，应当赋予作为最底层政权的乡镇政府在环保、土地、农业等方面的适量行政执法权限，确保违法违规行为能够得到及时的纠正和制止。其次，要理顺国家、集体和农民之间的关系，明确责任主体关系。农村各种问题的出现，折射出乡村治理的失序，因此，应理顺国家、集体和农民在乡村治理中的关系，适应利益主体的多元化以及各利益主体之间的权责利平衡；明确管理体制和责任划归，让乡村事务在合理、和谐、良性运行的平台和环境下规范化、持续化发展；明确哪些资源和行为属于"国家—农民""国家—村集体""国家—村集体—农民""村集体—农民"的调整范围，正确划归责任主体，使基层问题的解决具有有效的应对路径和问责机制。此外，应继续深化农业农村领域的"放管服"改革，优化农业农村的相关政策制度供给。应站在推进国家治理体系和治理能力现代化的高度，深入推进各类服务便民化、标准化、信息化建设，充分运用现代化治理手段和工具，在宏观调控和发展原则上不断引导，激励各类村级组织主体和农民正确合法地规划、利用、管理农村各类资源资产，防止农村资源资产被有意或无意地破坏，为农业农村经济的持续健康发展提供支撑和保障。

第二，完善农业农村法治建设，使农业和农村资源管理有法可依、依法治理。法治建设既是农村发展的底线要求，也是国家治理体系和治理能力现代化的重要内容。中国特色社会主义进入新时代，必须要依法治理农村出现的新问题。一方面，要依法厘清农村集体资源资产的权属关系，尊重所有者的权益。农村土地的产权关系如土地的所有权、占有权、使用权、支配权、收益权、处置权等，必须要清晰化（这是土地合法正当利用的前置条件）。不可否认，当前相关法律缺少对集体土地所有者和承包经营者权益的尊重，对农民的主体性、参与性不够重视。面对农村相对丰富且类型多样的土地等集体资源，界定各类土地的产权关系及开发利用途径是非常复杂的事情。作为农村资源资产所有者的村级组织，有无自由裁量权处置其掌管的土地资源、如何合理合法使用这种裁量权，如何创造高效持续的经济价值，如何进行公平性收益分配等，攸关村民利益。只有在法律上厘清农村集体资源资产的权属关系和使用途径、使用方式，并尊重所有者权益，才能形成明确的权责关系以及可追溯、可持续的依法管理方式，才能从源头遏止不法行为。

另一方面，在新形势下要适时调整对作为村集体成员管理者、村集体资源所有者的村级组织的法律规定性，使其在法治规范的基础上实现有效自治。在面对农村人口逐渐流失造成的"空心化"，集体资源资产闲置、低效以及农地"三权分置"改革带来的集体所有权、成员承包权与经营主体经营权的权利重构等问题时，相关法律应当适时调整，更加细化村级组织行使相关行为的法定权力和边界界定，明确村级组织的责权利关系，确保集体资源优化配置的法律规定性和处置正当性。尤其在实施乡村振兴战略背景下，更应该明确哪些是可以进行市场化经营的，哪些资源开发是限制性的，以适应以经济社会和自然条件为导向的农地制度改革，确保乡村资源的合法化使用以及各方的法定权益得到保障，各方利益主体平等参与。

第三，要做好农村土地资源的规划、利用与管理，实现农村土地的价值与效益。土地是农村发展的根本性要素资源和载体。农村的发展、农民的生计都依赖于土地的产能以及合理利用。农村土地如何盘活，如何避免被侵占、破坏，如何合法合理地规划、利用，进而实现其经济、社会、生态价值，是当前农村发展需要解决的重要问题。村民自治组织有责任和义务规划、利用、保护以及管理好乡村的集体资源资产。同时，县级政府部门在土地利用管理过程中应当发挥引导和激励作用，给予村民委员会参与的空间，增强村民委员会的领导能力和行动能力，鼓励其盘活、用好农村的资产资源，实现农村土地要素资源的分类管理与高效利用。

第四，不断完善和增强作为集体资源所有者的村级组织的能力。村级组织作为基层农民的自治性组织，其运行的好坏直接关系到近6亿农民的切身利益、农村资源资产的使用效率以及国家的粮食安全、生态环境的保护、农业农村经济社会的良性发展。作为村集体资产所有者或所有者的代理人的村级组织，对村庄的整体发展负有领导职责，一旦出现内外监管不力或村干部暗箱操作、合谋腐败，便会对农村集体资源资产造成不可逆的破坏。从当前媒体对农村"卖土"行为的报道来看，村民委员会并没有及时维护村民的合法权益，没有实现对村集体资产的充分保护。对此，应积极采取多种路径，持续不断地完善村级组织体系，增强村级组织的治理能力，改变基层组织软弱涣散的局面，使其更好地配置农村集体资源资产，壮大村集体经济。

第五，坚持农民主体性地位，增强农民在村集体公共领域和土地利用规划中的参与度。从媒体对农村"卖土"行为的报道来看，村民委员会以村集体名义对外签订了卖土合同，村民对此并不知情，也未参与过土地买卖议价的讨论，显然是民意"被代表"。由此延伸至村庄类似资源资产的开发利用，村民可能同样缺少知情权和参与权（大到村集体的土地类型划分，小到农民承包经营地的使用方式和处置方式等）。作为村集体组织成员的村民，应当享有对村庄集体资源资产的使用和监督权利。为遏制侵害农民权益、破坏村集体资源资产的违法违规行为，应充分坚持和维护农民的主体性地位。在村集体公共领域事务规划、决策中，应当尽可能地通过多种途径、多种方式吸纳每一位村民积极参与其中，并充分尊重每个人的意见，以此来增强村民在村集体公共事务中的知情权、参与度和主体性地位。通过村民的积极参与，集思广益，减少信息失真，防止"精英俘获"现象，实现资源的优化配置。

党的十九大报告明确指出，"农业农村农民问题是关系国计民生的根本性问题，必须始终把解决好'三农'问题作为全党工作重中之重"。因此，在推进乡村振兴战略的过程中，地方政府和村级组织应坚持新发展理念，彻底遏制"卖土"等违法违规现象，注重可持续发展和长远利益。

中国农业大学人文与发展学院博士研究生徐卫周对本文亦有重要贡献。

参考文献

[1] 左停. 治理现代化愿景下中国农业行政管理的范式转型[J]. 华中师范大学学报（人文社会科学版），2020(02).

[2] 成德宁. 构建城乡利益共享的土地增值收益分配机制[J]. 国家治理，2021(38).

第四章

和谐乡村

实现乡村治理现代化是构建和谐乡村的重要保障。在推进乡村振兴进程中,应始终坚持农民的主体地位,不断优化农村基层党组织建设及农村集体产权制度改革,增强农民的获得感、幸福感,为建设充满活力、和谐有序的乡村社会,形成共建、共治、共享的乡村治理新格局提供最坚实的群众基础。

坚持农民主体地位是实现高质量乡村振兴的保障

王晓毅

中国社会科学院大学教授，中国社会科学院社会学研究所研究员

坚持农民的主体地位不仅是乡村振兴的手段，也是乡村振兴的目标，正如《中共中央 国务院关于做好2022年全面推进乡村振兴重点工作的意见》所说，"乡村振兴为农民而兴、乡村建设为农民而建"。《中华人民共和国乡村振兴促进法》也特别强调："坚持农民主体地位，充分尊重农民意愿，保障农民民主权利和其他合法权益，调动农民的积极性、主动性、创造性，维护农民根本利益。"

乡村振兴是为了实现农村的社会经济全面发展，增加农民收入，提高农民的富裕程度。让农民在农业农村现代化过程中有获得感是乡村振兴的根本目标，这决定了农民要成为乡村振兴的主要受益群体；要让农民满意就需要调动农民的积极性，激发农民的内生动力，让农民成为乡村振兴的主人，而

不是被动地参与乡村振兴。乡村振兴是农民干出来的，而不是政府花钱堆出来的；在乡村振兴中要充分尊重农民的权利，尊重农民的首创精神，让乡村振兴反映农民的意愿，让农民参与决策。只有农民参与、农民决策的乡村振兴才是农民的乡村振兴。农民的主体地位要体现在农民导向的利益分配、农民积极参与决策和行动、充分保障农民权利三个层面，三个层面互为因果，相互促进。

▶▶ 坚持农民主体地位的必要性

坚持农民的主体地位是由中国乡村振兴的本质特征决定的。中国共产党长期的农村工作经验表明，农村工作必须相信农民、依靠农民，只有坚持农民的主体地位才能保证党的各项工作的顺利开展。国际农村发展经验也表明，只有让农民成为农村发展的主体，充分吸收农民的乡土知识，农村发展才能成功，反之，不管外来的投入有多大，都不可能实现成功的农村发展。

中华人民共和国成立之初，顺从农民的意愿进行土地改革，支持农业合作化，农民发展生产的积极性被调动起来，农村经济快速发展，不仅农民受益，而且为国家的工业化提供了强有力的支持；20世纪80年代，尊重农民的选择，开始了农村改革，实施土地承包到户，支持农民发展非农产业，农村经济进入高速发展时期，农民收入稳步提高。尊重农民主体性不仅是中国共产党的农村工作经验，而且被国际农村发展的历史所验证。20世纪中期，一些刚独立的第三世界国家的农村受到广泛关注，许多国际机构、发展专家未从这些国家农村的历史和现实出发，强行植入外来的发展方式，当地农民被排除在发展规划和决策之外，造成了发展项目与当地社会经济现状的不适应，很多发展项目和规划遭遇失败。在反思发展失败的基础上，从20世纪80年代开始，参与式发展的理念在农村发展领域得到普及，在参与式的发展路径下，农民不是发展的被动接受者，而是发展的主体，是发展的行动者。

推动乡村振兴需要多元主体的投入，特别是政府、企业和社会组织在乡村振兴中发挥着重要作用，但是多元主体不能代替农民的主体地位。乡村振兴需要资源下沉至基层，在这个过程中，政府的财政资金和财政项目不可或缺。为了更好地推动乡村振兴，各种人才通过不同的方式进入农村基层，典型的如大量党员干部从县级以上的政府机构以第一书记和驻村工作队员的身份下沉到农村，战斗在乡村振兴第一线。越来越多的农业企业进入乡村，促进高效农业的发展，企业不仅在农民的经济生活中发挥了重要作用，而且在社会生活中发挥着越来越重要的作用，许多农业企业在从事经营活动的同时履行着企业的社会责任，协助乡村解决困难，典型的如在村庄开办老年食堂，解决农村老人的用餐困难问题，提供资金支持乡村的社会事业发展。在乡村振兴中还有许多社会力量，包括社会组织、志愿者和专家学者进入乡村，开展各种形式的乡村建设。这些主体进入乡村以后，给乡村注入了新的活力，带来新的观念和新的机会，但是所有这些主体进入乡村都要以维护农民的利益为目的，充分尊重农民的权利，要在保护农民利益的前提下，共享乡村振兴的利益。任何人在乡村振兴中都不能以损害农民的利益和权利为代价。

坚持农民的主体地位，从理论和实践两个层面回答了乡村振兴为了谁和依靠谁的问题，同时也为如何实施乡村振兴指明了道路，高质量的乡村振兴要反映农民的意愿，由农民来主导实施。

▶ 坚持农民主体地位的方法

党的领导和政府主导、多元主体投入和坚持农民的主体地位是中国乡村振兴的重要特色，三者之间要相互促进，形成良性互动。基层党组织是农民的带头人，要发挥好带头作用。《中共中央 国务院关于全面推进乡村振兴加快农业农村现代化的意见》明确指出要加强党对三农工作的全面领导，强化五级书记抓乡村振兴。党对乡村振兴的全面领导有助于坚持农民的主体地位。基层党组织是农民的带头人，农民是否有积极性和主动性，农民的主体性是否能得到坚持，与党支部能否发挥带头作用紧密相关。要发挥基层党组织的带头作用就要大力培育和发展农民党员，鼓励包括返乡创业的农民、乡村致富带头人在内的优秀农民加入党组织，使党组织更有活力；同时要加强基层党组织民主集中制的制度建设，党组织要深入群众，充分征求群众意见，反映群众意愿，并将村级党组织的领导置于群众的监督之下。

各级党委政府要为坚持农民主体地位保驾护航。在乡村振兴规划、乡村振兴项目实施和效果评估中，要坚持保护农民利益和权利，充分尊重农民的意愿。在全面实施乡村振兴战略时期，要借鉴脱贫攻坚中群众参与评估的经验，建立完善的反馈和协商机制，保障农民积极参与乡村振兴的决策和实施。对于那些与农民利益密切相关的重大工程和决策，如土地集体流转、旧村改造和改变农民居住方式等工程，要建立完善的民主协商机制，与农民进行周密的协商。在协商过程中要避免两种现象：代替农民决策和在农民不知情的情况下让农民决策，两种现象尽管表现形式不同，但是都对农民权利有损害。对于乡村振兴中所采取的行动，特别是那些与农民日常生活密切相关的活动，要建立经常性的反馈机制，不断发现问题、解决问题。农村的厕所改造、饮水设施建设、垃圾处理……不管对政府还是对农民来说，都是新的事务，需要不断试错，在实践中找到最佳解决方案。及时的反馈和纠错系统可以避免工作中出现重大失误。

保护农民的利益，尊重农民的权利，不仅是对各级政府的要求，也是对进入乡村的各类社会主体的要求，不管是企业还是社会组织，在乡村振兴中都不能损害农民的利益，更不能利用资金或社会网络的优势，代替农民决策。

提高农民的组织化程度是保证农民主体性的重要手段。在实现农业农村现代化过程中，分散的农户往往处于弱势地位，一方面，在资本、市场的博弈中，分散的农民力量很弱；另一方面，分散的农户由于利益和出发点不同，内部也会存在诸多矛盾，这进一步弱化了农民的能力。要改变农民的弱势地位就要提升农民的组织化程度。组织化农民可以克服分散农户的弱点，减少农户之间的矛盾冲突，为农户参与乡村振兴提供动力。提升农民的组织化水平需要在政治、经济和社会三个层面发力，健全村民自治机制，发展农民合作组织和推动农民社会文化组织的发育。

完善村民自治是实现坚持农民主体地位的重要渠道。乡村振兴是乡村的全方位革命，不仅会影响到乡村的经济活动，而且会对乡村的社会结构和生态环境产生重要影响，乡村振兴关系到每一个村民现在和未来的利益，村民自治制度为农民参与乡村公共事务的决策和实施提供了制度基础。完善村民自治权利就是要完善村民的民主选举、民主决策、民主管理、民主监督，特别是在涉及农民重大利益决策的时候，要严格尊重法律赋予村民的民主权利。

积极推动农业专业合作组织的发展，合作社的发展要在两个方面发力，首先是在与农户的对接中发力，通过优化合作社服务，完善合作社治理结构，吸引更多的农民参与到合作社中；同时发展合作社网络，在农副产品的生产和销售中，扩大合作社的话语权，让合作社成为农民参与产业发展的重要途径。在推进经济合作组织发展过程中，要时刻坚持农民是合作社的主体，在合作社的治理中，要充分尊重农民的权利，避免合作社成为少数人套取国家政策优惠的工具。

积极推动乡村社会组织建设，发挥乡村老人、能人和知识分子等有影响力的农民的作用。在实现乡村生态宜居、乡风文明和治理有效目标过程中，农民的社会组织和村庄领袖发挥着重要作用，特别是一些地区的红白理事会、老人会、妇女小组以及乡贤、回乡知识分子等，带领群众实现自我管理，活跃乡村社会文化生活，通过社会文化活动，农民的积极性被调动起来。发展乡村的社会组织有助于更好地满足农民的日常生活和娱乐需求，在发挥乡村法治和自治的基础上，发挥乡村德治的积极作用。

强化农民的能力建设。坚持农民的主体地位，需要提高农民的综合素质。素质提高不仅是农民文化水平和技术水平的提高，同时也需要农民能够从长远的利益角度认识公共事务，有能力参与公共事务的决策。

加强对农民的培训仍然是农民能力建设的首要手段，对农民培训的内容要更加广泛，形式更加多样。过去大多数培训侧重于技术和创收培训。农民要成为乡村振兴的主体，不仅要掌握生产技术和创收手段，而且要开阔视野，积极参与乡村治理。农村现代化首先需要现代化的农民，这对乡村培训提出了更高的要求。现在一些地方出现了新的农民能力建设的实践，一些社会组织和志愿者开办乡村大课堂，着力提升农民的素质；一些学者引导农民发掘乡村的历史文化，提升农民的文化自信。所有这些活动为提升农民的能力提供了新的思路，打开了新局面。

实践是提升农民能力最重要的途径之一，乡村振兴战略本身就是农民的巨大实践，在这个历史性的战略中，必然有越来越多的新型农民成长起来，农民的现代化是高质量乡村振兴的核心。坚持农民的主体性不仅是高质量推进乡村振兴的保障，更是高质量推进乡村振兴的目标。

中国社会科学院社会学研究所博士后阿妮尔对本文亦有贡献。

参考文献

［1］中华人民共和国中央人民政府. 中华人民共和国乡村振兴促进法 [R]. (2021-04-30).

［2］中共中央 国务院关于做好 2022 年全面推进乡村振兴重点工作的意见 [R/OL].(2022-02-22). 中华人民共和国中央人民政府官网.

村干部实行职业化管理的成效及思考

贺雪峰

武汉大学社会学院院长、教授、博士生导师

▶ 村干部职业化和报酬工资化是大势所趋

一直以来，村干部都是不脱离生产的，不拿工资，只有误工补贴，然而村干部不可能仅靠误工补贴就可以养家，他们必须有误工补贴以外的生产经营收入。

进入 21 世纪以来，有两个因素影响了村干部的行为：一是农民大量外出务工经商，农村普遍形成了以代际分工为基础的半工半耕家计模式，农户家庭收入中农业经营收入占比越来越低，进城务工经商收入占比越来越高。村干部是不脱产干部，他们的主要收入来源是家庭生产经营收入。在农户家庭主要收入来自村庄农业收入的情况下，村干部家庭不仅有农业经营收入，而且有当村干部的误工补贴，村干部家庭收入在村庄中是比较高的。进入 21 世纪，农户家庭收入越来越依靠外出务工经商，村干部却无法进城，缺少外出务工经商收入，村干部家庭收入由之前村庄中的相对优势位置下降为劣势位置，如果不能在村庄获得除家庭经营以外的收入来源，仅仅靠种承包地的农业收入和当村干部的误工补贴，村干部家庭收入就落入底层，村干部职务也就很难再承担下去。

因此，到2010年前后，中西部地区农村越来越多的村干部由那些在村庄有副业收入的"中农"来担任。所谓"中农"，是指留在村庄却仍然可以通过扩大农业经营规模、开小作坊、开农资商店、经营农机等获得不低于进城务工经商收入的青壮年农民。这些"中农"可以在不离开村庄的情况下获得较高收入，当担任村干部不仅不降低家庭收入，而且可以增加获取收入的机会时，这些"中农"就成为村干部的主要来源。村干部中农化或"中农"当村干部，成为2010年前后中西部农村的普遍现象。

影响村干部行为的第二个因素是进入21世纪，国家不仅取消了农业税，而且向农村输入越来越多的资源。国家资源下乡，伴随而来的就是规范下乡、监督下乡。国家提出建设城乡均等的基本公共服务，提出建设服务型党组织，村干部就不得不花费更多时间来完成上级安排的各种任务，应对上级提出的各种要求，甚至不得不坐班为村民提供全天候的服务。随着越来越多的国家资源下乡以及将农村纳入与城市同等的基本公共服务供给，国家大幅度提高了对村干部的要求，一方面，国家开始要求村干部不再是不脱产，而是全职化；另一方面，因为村级工作变得更加复杂，要求也提高了，尤其是操作电脑的要求，淘汰了文化程度低的老干部，村干部越来越年轻化。2010年以后，之前主要是兼职不脱产的村干部越来越专职化、年轻化，以不脱产为前提的"中农"当村干部的趋势被逆转，因为"中农"要通过生产经营来获得家庭主要收入，专职化的村干部无法满足"中农"兼业需求。

2012年党的十八大以后，村干部专职化加速。专职化的村干部显然不可能只靠之前的误工补贴来维持家庭收入水平。湖北省在2015年前后提出村主职干部工资化，规定村主职干部可以享受乡镇副职领导的报酬，当时乡镇副职领导工资约为4万元/年。在调整之前，村干部一年误工补贴大概为1万元左右，调整后，一年报酬接近4万元，这样一来，就又反过来要求村干部脱产、职业化，村干部就越来越成为与之前不脱产干部不太相同的职业。湖北省提高村干部报酬是从村主职干部开始的，很快所有村干部的报酬都大幅度提高了。

湖北省的情况不是特例，而是在全国中西部农村具有普遍性。当前全国绝大多数中西部农村的村干部报酬都开始工资化，相应的就是村干部的职业化。

相对于中西部农村村干部报酬工资化开始于党的十八大以后，沿海发达地区尤其是苏南、珠三角等集体经济发达地区的村庄，因为第二、第三产业的发展和村集体经济的发展，这些村庄事务繁多，村干部不脱产很困难，村干部职业化和报酬工资化早在20世纪就开始了。比较特殊的是浙江一些农村，因为民营经济十分发达，很多民营企业家希望通过担任村干部来获得政治资本，以促进企业经营。民营企业家当村干部，当然只可能不脱产，再者他们只需要误工补贴。近年来浙江农村治理力度较大，村干部工作量大增，之前不脱产的民营企业家逐步退出村干部行列，越来越多的全职村干部出现，村干部报酬也逐步工资化了。

▶ 村级治理工作繁杂加重村干部负担，导致村级组织机关化

与村干部职业化和报酬工资化，相应的是村干部越来越变成乡镇的下级，工作由乡镇布置，考核由乡镇进行，待遇由乡镇落实，奖罚由乡镇决定。实际上，当前村干部选任也越来越由乡镇安排和决定了。一般来讲，村级治理或村干部工作主要有以下四项：

一是服务。服务很好理解，因为全心全意为人民服务是党的根本宗旨。当前，几乎全国农村都在村一级建立了党群服务中心，由村干部"坐堂"为群众提供全方位服务。这些服务既包括为村民开具日常证明，还包括回应村民诉求，解决村民问题，代理上级部门为村民提供各种便利，或帮村民向上级办理各种事务。很多地区开始下放行政审批权限，以方便农民办事。

大体来讲，当前村级组织为农民提供的服务有三个方面：代办各种事务，便利农民；回应农民诉求，解决农民生产生活中遇到的困难；为农民群众提供各种咨询服务。为了更好地服务农民，全国各地普遍修建了较为宽大的村部办公楼，在村部设立党群服务中心，由村干部"坐堂"为农民提供随时随地的服务。

二是管理。管理职能是指村干部需要协助乡镇在村庄范围行使或代行管理职能，典型的如安全生产排查、疫情防控等。村庄是熟人社会，村干部与每户村民都要面对面地打交道，情况熟悉，知根知底，相对于乡镇政府以上的国家权力机关，村级组织可以低成本、精准地协助国家行使管理职能。此外，村干部的管理职能也包括对辖区居民与集体事务的管理，尤其是集体资源、资产的管理。管理职能与服务职能是不同的，服务职能没有强制性，管理职能则有一定强制性。在服务职能中，村民是权力方，在管理职能中，村

民是责任方。

三是组织动员。组织动员是指通过将村民组织起来，形成集体行动，增加村庄公共品供给的活动。在传统时期，国家很少为村庄提供公共品，村庄必须通过筹资筹劳内生供给公共品，以保持基本的生产生活秩序。当前，国家大量资源下乡，为农村提供城乡均等的基本公共服务，这使得以内生供给公共品为主要目标的村庄动员变得不那么重要。但这并非是说当前村级治理中的动员不重要了，因为即使国家资源下乡，也要基层具有对接资源的能力，何况国家只可能及只应当为农村提供基本公共服务，真正的美好生活还需要农民群众自己创造。农民群众只有组织起来了才有可能自己创造美好生活。

村级组织行使组织动员职能，核心是依靠村庄先进群众（如党员、"五老"人员、中坚农民等），团结大多数中间群众，孤立少数落后群众，以将农民组织起来，对接国家资源和建设自己的美好生活。

当前基层治理中，对利益特别敏感的钉子户存在利用国家资源落地的机会索要超额补偿的动机，他们很可能会成功，因为毕竟国家资源不是村庄内部的资源，钉子户多要资源，其他农户利益并没有受损。问题是，一户钉子户成功索要到超额利益，其他农户也就乐于当钉子户，结果就是国家为农民办好事，却发现好事不好办。以往，村庄公共品要靠内生供给，对利益敏感的钉子户索要不当得利会影响村庄公共品的内生供给，钉子户的声誉就会受损，钉子户也就会被边缘化，因此很少会有村民效仿钉子户。现在国家资源下乡，村庄缺少动员，钉子户不当得利很容易引发效仿，集体行动难以开展。

四是统计。统计也是村干部一项十分重要而基础的职能，因为现代治理必须建立在准确统计的基础上,当前村干部最重要的一项工作恰恰是回应上级各个部门的要求,填报各种数据。从当前村庄统计工作来看,因为过去的简约治理,很多数据比较模糊,各级政府各个部委都希望通过村级组织来获得精确的统计资源,以对村庄进行精准治理。当前统计方面存在的一个严重问题是,上级部门往往比较任性,动辄要求村级组织填表报材料,以至于村干部每天都在填报材料,从而出现了当前村级治理中不必要的繁杂事务。

▶ 破解村级组织机关化问题,需要加强村庄自治,组织动员村民群众的力量

当前村干部四项工作或职能中存在一个严重的问题,即谁来考核、对谁负责。以往的村干部是不脱产干部,也没有工资,只有误工补贴,村干部的工作动力来自他们在村庄内可以获得的声望,报酬则是其次。并且,在村民自治的大环境中,村干部是由村民选举产生的,若不能回应村民的诉求,村干部就当不下去。无论是协助上级完成税费还是提供村庄基本公共品,村干部都离不开深入村民群众,而动员和组织村民群众,都必须与群众打成一片。

现在的问题是,国家不再向农民收取税费,村庄基本公共品也主要靠国家资源下乡来提供,不再需要村干部向每家每户筹资筹劳。同时,村干部也越来越正规化,报酬越来越工资化,而对村干部的考核主要是由乡镇进行的,工作任务也主要是由乡镇布置的,村干部四项工作绝大多数都是完成上

级任务并由上级考核，甚至村干部为村民群众提供服务时村民的满意度也是由上级考核评定的。

这样一来，当前村干部的主要工作就变成了完成上级交办的任务，而越来越脱离村庄和村民，村干部变成了坐在村部提供服务的工作人员，而不是走家串户了解农民情况，为农民提供上门服务的村庄内部成员。村干部坐班，完成上级任务，办事留痕，迎接上级检查考核。村级组织越来越机关化、文牍化，村干部变得官僚化了，于是村级组织变成悬浮在村庄之上的组织，与农民群众脱离了关系。

因为上级对村干部有考核权，村干部必须完成上级任务，上级各个部门都倾向于向乡村两级布置任务。一方面，国家通过各个部门下放下乡资源，资源的安全有效落地需要部门具有监管考核乡村的权力，村干部必须按照上级部门的标准、规范、程序来完成上级任务并办事留痕；另一方面，上级部门为了防止出现万一的事故，而倾向按"顶格要求"下达工作任务，结果就是，每个部门的工作都很烦琐。所有这些部门工作最后都要落实到村庄中来，即"上面千条线，下面一根针"，这就造成村干部仅仅应付上级部门的工作都勉为其难，认真做好上级布置的各项工作变成不可能完成的任务。

当村干部连应付上级安排的各种工作都来不及时，他们为村民提供的服务也就只可能是应付上级任务的一种形式，而真正深入村民群众中，动员群众和组织群众，以回应村庄群众的诉求，解决村庄的现实问题，就变得不可能了。村庄也就逐步变得钉子户横行，积极分子无力，中间群众麻木了，从而造成村级治理成本上升，国家资源下乡难以得到村庄的有效接应。好事不好办，基层治理有效就难上加难。

村庄是熟人社会，村庄事务细小琐碎、高度具体，具有很强的地方性，必须加强村庄自治，组织动员村民群众，建立起一个可以有所作为的基层组织，促进国家资源下乡与农村基层有效对接，让基层治理更精准、更高效。

当前农村基层党组织建设的现实问题与优化路径

陈东琼

中国农业大学马克思主义学院教授

党的十九届五中全会强调优先发展农业农村，全面推进乡村振兴。农村基层党组织担负着把党员组织起来，把人才凝聚起来，把群众动员起来，把乡村发展起来的职责和使命，是贯彻落实党中央决策部署的"最后一公里"。全面推进乡村振兴，打造高质量的基层党组织至关重要，而严格党的组织生活、提升组织生活质量，是推进农村基层党组织高质量发展的关键抓手。

▶▶ 提升农村基层党组织组织生活质量的重要意义

提升农村基层党组织组织生活质量有着重要的现实意义，是由其所处的两个"基础性地位"决定的：

一是农村基层党组织在党的全部工作中所处的基础性地位。基层是党的执政之基、力量之源，办好基层特别是广大农村的事，关键在党，关键在好的农村基层党组织。开启全面建设社会主义现代化国家新征程，加快农业农村现代化，推动乡村全面振兴，不断满足农民群众日益增长的美好生活需要，必须更加重视农村基层党组织建设，为农村改革发展稳定提供坚强的政治和组织保证。高质量的组织生活可以提升农村党员干部的党性修养，有利于农村基层党组织凝聚力、战斗力、创造力的发挥。反之，如果农村基层党组织组织生活质量低、效果差，农村基层党组织的基础性地位就无法充分显现，战斗堡垒作用就无法充分发挥。只有提高农村基层党组织组织生活质量，把每一个党员纳入党组织的有效监管之中，把每一个党支部打造成坚强的战斗堡垒，全面乡村振兴才会更有保障、更有后劲。

二是党的组织生活在党的建设中所处的基础性地位。习近平总书记指出："党的力量来自组织，组织能使力量倍增。""我们党是按照马克思主义建党原则建立起来的政党，我们党以民主集中制为根本组织制度和领导制度，组织严密是党的光荣传统和独特优势。"严格的组织生活是无产阶级政党的一个本质特征。2016年10月，党的十八届六中全会通过的《关于新形势下党内政治生活的若干准则》，以党内法规形式专门对党的组织生活与党内政治生活的关系、严格党的组织生活制度作出系统规定。党的十九大要求把党的政治建设摆在首位，鲜明提出"不断提高党的建设质量"，这是党的建设理论的重大创新，凸显了"质量标准"在新时代党的建设中的重要地位。组织生活质量是衡量党的建设质量的重要指标，高质量的组织生活是新形势下加强党的建设、推进全面从严治党向基层延伸的重要任务和关键抓手。农村基层党组织要深刻把握党的组织生活在党的建设中的基础性地位，高质量地过好组织生活，真正在农民群众心中树立起一面面党员旗帜、建立起一个个战斗堡垒。

▸ 当前农村基层党组织组织生活的现实问题

党的十八大以来，党中央不断推进全面从严治党向基层延伸，农村基层党组织组织生活进一步规范化。但从当前农村基层党组织组织生活开展的具体情况看，仍然存在组织生活不规范、不严肃、走形式等问题，概括起来就是"难、松、单、假、差"，这些问题的存在影响了组织生活质量，弱化了党组织的力量。

一是"难"。主要是指组织生活开展难和参与难。不少农村基层党组织组织生活开展不及时、不主动，开展频率低，甚至常年不开展组织生活。部分农村党员疏离于党组织，参加组织生活的积极性不高，在组织生活中只是充当出席者、记录者的角色，没有真正融入组织生活。特别是一些农村基层党组织党员老龄化问题比较严重，流动党员较多，存在很多游离于组织视线之外的"特殊党员"。

二是"松"。主要是指农村党员在思想上相对较为松懈，不严格落实组织生活制度，组织生活的制度规范没有发挥约束作用。部分党员和干部仍然停留在组织生活就是"开开会听听报告"的认识上，组织生活在一定程度上存在庸俗化、简单化、随意化倾向。

三是"单"。主要是指组织生活内容形式单一，缺乏吸引力。农村组织生活内容枯燥，理论学习、时政学习和党课走形式情况比较普遍，基本上都以会议形式进行,以支部书记单向灌输为主,部分党员参与组织生活的积极性不高。

四是"假"。主要是指组织生活不动真,盲目跟风、应付交差,上级怎么要求就怎么做,不能起到良好的教育管理和监督的作用。缺乏批评与自我批评或批评时避重就轻,批评上级怕影响自己进步,批评同级怕伤感情,批评下级怕丢选票,批评自己怕失去威信。

五是"差"。主要是指组织生活重形式、轻效果,开展活动轰轰烈烈、大张旗鼓,但实际效果差。组织生活形式化、娱乐化、庸俗化现象较为严重,严肃性和实效性不够。这些问题,不仅会损害党内政治生态和党的形象,而且会影响农村基层党组织战斗堡垒作用的发挥。

出现这些问题的原因是多方面的,归结起来主要有以下几个方面:

组织生活主体意识偏差。农村党员总体上受教育程度低,思想认识相对落后,而且存在一定的近亲属发展党员现象,党性观念不强、组织意识淡薄、带头作用欠缺。农村基层党组织带头人思想认识不到位,把落实组织生活制度的重要性看轻了,对组织生活的理解简单了,导致"两学一做"学习教育、"三会一课"等组织生活未能规范开展。还有一些党员干部以事情多、工作忙等为由,长期不参加组织生活。这种反面示范,会造成其他党员的思想认识错觉,影响组织生活的正常开展。

组织生活长效机制缺失。一些农村基层党组织不严格执行有关党规党法,监督机制缺失,激励、考核机制不完善。部分农村基层党组织对党员考评少甚至不考评,未能将党员参加组织生活的情况纳入党员的日常考评序列中。还有部分农村基层党组织重奖励轻处罚,在党员评议中往往只评优不评劣,是否参加组织生活对党员不能构成实质性影响,造成一些党员"打声招呼"就不参加组织生活，组织生活的管理难以严肃认真。

农村经济社会环境的潜在影响。一方面，利己主义、物质至上思想观念在农村社会滋生蔓延，一些党员忘记了入党初心，凡事讲实惠、讲条件，在党支部发福利时才参加组织生活。另一方面，一些农村地区基础设施落后、活动经费不足，制约了农村基层党组织组织生活的正常开展。此外，随着基层党员教育管理服务迈向智能化，部分农村基层党组织对信息网络技术有着一定的不适应，影响了农村基层党组织组织生活的高质量开展。

▶ 提升农村基层党组织组织生活质量的路径

解决当前农村基层党组织组织生活中存在的矛盾和问题，提升党组织组织生活质量，要在压实责任、完善机制、丰富内容、创新形式、增强实效上下功夫。

加强党员管理，强化主体意识

党章规定，"不允许有任何不参加党的组织生活、不接受党内外群众监督的特殊党员"。加强对农村基层党组织组织生活主体的教育管理，要从以下三个方面发力：

一是优选配强党组织带头人。党支部书记是落实组织生活制度的第一责任人，要始终抓好带头人队伍建设这个关键。针对部分农村党建人才不足，无合适的党组织带头人可以选拔的情况，可以采取外力嵌入的方式培养选拔党组织带头人，如选派优秀第一书记、驻村干部、年轻干部、高校毕业生、优秀返乡人员等。

二是坚持党员队伍的从严管理。提升农村基层党组织组织生活质量，确保党员发挥先锋模范作用，需要从严管理党员队伍。根据是否严格遵守党章，对农村基层党员进行合格、基本合格、不合格考评。对不合格的"名义"党员给予批评教育，限期整改，不能改正和不愿改正的，要进行组织处理。

三是加强党员教育培训。农村基层党组织应加强对全体党员的教育培训，既要有党建理论的培训，又要有业务知识的培训，不仅要提高农村党员的思想认识，解决农村党员的思想问题，而且要提高他们的党务工作能力。

着眼顶层设计，建立长效机制

严格的组织生活，必须以健全的制度为保障。建立一系列组织生活管理长效机制，做到事前安排、事中监督、事后考评，对组织生活进行全程管理。

一是组织生活制度执行要严，着力解决不经常、不规范的问题。农村基层党组织要严格执行党的组织生活的各项制度，努力做到"每月有组织生活，每次组织生活有主题"。党支部要对组织生活提前进行谋划安排，制作"组织生活提示卡"，确保党的组织生活主动且经常开展。

二是监督约束机制要完善，克服不落实、走过场的问题。健全完善一级抓一级，层层重视、层层落实的工作机制。上级党组织要加大对农村基层党组织落实组织生活制度的检查督促力度，经常了解和掌握农村基层党组织的组织生活情况，并定期通报，及时发现问题和解决问题。农村党支部要对党员参加组织生活的情况进行严格督促，若发现党员无故不参加组织生活，要及时给予批评或帮助。党员要加强自我监督，严于律己。通过监督和自我监督，约束党员规范参加组织生活，保持党员的先进性和纯洁性。

三是制定科学的考核评价体系，推行完善的奖惩制度。比如，利用积分的办法记录党员每次参与组织生活的表现，并公布积分结果。对组织生活中表现好的党员进行表彰奖励，激发党员参与组织生活的积极性。对于表现不好的党员或党组织按照党内法规严肃处理，增强党内政治生活的严肃性。对于一些农村基层党组织存在的基础薄弱、保障不足问题，上级党委要加大资金等资源投入，为其有效开展组织生活提供条件和保障。

坚持与时俱进，创新内容形式

农村基层党组织应立足农村实际，不断丰富和创新党的组织生活形式与内容，提高组织生活的吸引力和感染力。

第一，丰富组织生活内容。农村基层党组织组织生活要以提高农村党员素质和解决农村实际问题为导向，将政策解答、医疗健康、技能培训等农村党员、群众最关心的实际问题作为组织生活的主要议题，切实提高组织生活的吸引力。

第二，改进组织生活形式。组织生活形式应多样化，可以采取理论灌输、思想汇报、民主生活、节日纪念、典型示范、调查研究、义务劳动、评比竞赛等多种形式。其中，评比竞赛、讨论辩论、专家指导、观看展览等对农村党员来说更有吸引力和感染力。还可以根据农村的实际需要，开展"党员连心日""最美基层党员在身边"等主题实践活动，鼓励党员参加公益性的社会服务和义务劳动等，增强党员主体意识。

第三，以技术赋能党组织组织生活质量的提升。随着互联网在农村的普及，依托信息网络技术的现代远程教育平台已经成为开展党员干部教育的有效载体。为此，要加快农村基层党组织网络活动阵地建设，提升农村党员干部教育管理数字化、智能化水平。一方面，"把支部建在网上"，可以不受时间、场地的限制，方便党组织发布通知、组织活动，还可以保证特殊时期的组织生活和流动党员的组织生活正常开展。另一方面，针对农村基层党组织组织生活监管难的问题，可以探索建立覆盖到村一级的党建天眼网络，在条件具备的农村组织活动场所安装网络摄像头，在县、乡镇建立管理监督平台，充分发挥网络监督所具备的时空自由、迅速及时、直接全面、成本低廉等优势，实现上级党组织对下级党组织活动的有效监管。

中国农业大学马克思主义学院研究生吴晓芳对本文亦有贡献。

参考文献

［1］习近平.习近平谈治国理政（第二卷）[M].北京：外文出版社,2017.

［2］中国共产党章程[M].北京：人民出版社,2017.

［3］中国共产党支部工作条例（试行）[M].北京：人民出版社,2018.

［4］中国共产党农村基层组织工作条例[M].北京：中国法制出版社,2019.

［5］中国共产党农村工作条例[M].北京：法律出版社,2019.

［6］习近平.在全国组织工作会议上的讲话[M].北京：人民出版社,2018.

［7］习近平总书记系列重要讲话读本[M].北京：学习出版社,2016.

［8］倪安和.党的组织生活概论[M].上海：复旦大学出版社,2009.

［9］李旺.组织生活"下功夫"基层党建"上台阶"[J].人民论坛,2020(15).

[10] 何克祥. 论推进党的基层组织生活规范化制度化[J]. 求实, 2016(10).

[11] 何克祥. 关于十八大以来加强和规范党内组织生活的一项实证调查与思考[J]. 探索, 2018(02).

[12] 申建林. 基层党支部怎样过好组织生活[J]. 人民论坛, 2016(S1).

[13] 高朝亮. 培养党员形成政治"生物钟"——濮阳市推行农村基层组织生活"落地工作法"[J]. 人民论坛, 2018(34).

[14] 雷博. 增组织活力促发展提升——松原市规范农村党员组织生活工作纪实[J]. 新长征, 2017(09).

社会资本下乡的风险处置研究

席月民

中国社会科学院法学研究所经济法室主任、研究员、博士生导师

社会资本下乡为乡村振兴注入新动能。当前，在全面推进乡村振兴中，国家积极鼓励社会资本参与农村新型基础设施、新型交通水利工程和新型城镇化建设，积极参与农村公共服务供给和生态保护修复。2021年2月国家乡村振兴局正式成立后，农业农村部办公厅、国家乡村振兴局综合司印发《社会资本投资农业农村指引（2021年）》，在2020年指引的基础上继续支持社会资本参与农村人居环境整治提升五年行动。深刻认识社会资本下乡的三类风险，积极采取有效应对处置措施，对于扎实推进乡村全面振兴、深入开展农村产业帮扶与就业帮扶意义重大。

高度警惕农户土地利益被不法侵害风险，依法维护农户与农民合法权益

由于信息不对称以及农户谈判能力偏弱等因素，农户的土地承包经营权在"下乡资本"承接和实施过程中容易遭受一些不法侵害，主要表现为：一些地区的农村土地流转并未严格遵循平等协商、依法、自愿、有偿的原则，有关土地转包、出租、互换、转让、入股、信托等不同类型的土地流转方式并不为农户所真正了解和接受，有的没有尊重农户独立的法律主体地位，有的采取强制缔约方式，有的则想方设法压低价格或拖欠款项，从而直接侵犯农户土地利益。一些农村地区的土地征用不符合国家政策和法律规定，引发农户集体上访，导致地方政府、社会资本与农民之间的矛盾比较突出。另外，一些失地农民的就业难问题较为严峻，他们在乡村振兴中"被边缘化"，沦为现代农业的"局外人"或"旁观者"。

改革开放以来，我国一直实行农村土地承包经营制度，农村土地承包经营权经历了从《中华人民共和国经济合同法》《中华人民共和国合同法》所确立的"债权保护模式"到《中华人民共和国农村土地承包法》（以下简称《农村土地承包法》）与《中华人民共和国物权法》所确立的"物权保护模式"的重大转变。《农村土地承包法》自 2003 年生效以来，在 2009 年和 2018 年分别作了两次修正，明确要保持农村土地承包关系稳定并长久不变，巩固和完善以家庭承包经营为基础、统分结合的双层经营体制。按照《农村土地承包法》规定，农村土地承包采取农村集体经济组织内部的家庭承包方式；家庭承包的承包方是本集体经济组织的农户；承包方承包土地后，享有土地承包经营权，可以自己经营，也可以保留土地承包权，流转其承包地的土地经

营权，由他人经营。承包方可以自主决定依法采取出租（转包）、入股或者其他方式向他人流转土地经营权，并向发包方备案。《农村土地承包法》还明确了土地经营权流转的原则、价格确定方式、收益归属、流转合同条款、流转期限等内容。重要的是，《中华人民共和国民法典》把土地承包经营权作为用益物权的一种作出了专章规定，并在其第三百三十四条中，重申土地承包经营权人依照法律规定，有权将土地承包经营权互换、转让。未经依法批准，不得将承包地用于非农建设。

针对社会资本通过流转取得土地经营权问题，《农村土地承包法》强调县级以上人民政府应当建立工商企业等社会资本，通过流转取得土地经营权的资格审查、项目审核和风险防范制度。农民对美好生活的向往始终建立在农村土地承包经营权之上，坚持土地公有制性质不改变、耕地红线不突破、农民利益不受损是当前农村发展改革的三条底线。在推进社会资本下乡中，要高度重视农户土地利益被不法侵害风险，对于"下乡资本"与农户之间的土地经营权流转合同纠纷，实践中需要畅通多元化纠纷解决渠道，通过《中华人民共和国农村土地承包经营纠纷调解仲裁法》和《中华人民共和国民事诉讼法》，及时妥善处理好相关利益冲突。地方政府和地方法院要严格审查合同内容，严格坚持依法、自愿、有偿原则，对争议合同条款采取有利于农户和农民的解释，谨防"强资本—弱农户"市场关系的出现，依法保护农户和农民的合法权益。

▶ 及时识别社会资本违法投资经营风险

社会资本下乡是否守法经营是一个重点问题，其违法投资经营风险是客观存在的。这既可能表现为"下乡资本"偏离政府鼓励投资的重点产业和领域，挤占耕地，采取非粮化、非农化经营，进而危害国家粮食安全，也可能表现为经营中出现各种短期行为，进行掠夺性开发等。目前社会资本下乡可能采取的投资方式包括独资、合资、合作、联营、租赁等，在创新投入方式上也会采取特许经营、公建民营、民办公助等不同方式，但由于资本的逐利性以及农民的弱势市场地位，"下乡资本"的扩张冲动较为明显，种粮积极性不高，有的直接圈占农地建工厂、盖别墅、开发房地产，甚至撂荒耕地进行资本化运作，有的热衷于搞"短、平、快"项目，对土地资源进行掠夺性开发经营，造成土地硬化、退化等问题，还有的无视农村市场规律，盲目上项目，甚至圈钱跑路，最后把投资风险转嫁给当地农民。

针对社会资本违法投资经营风险，各地需要严格遵循《社会资本投资农业农村指引（2021年）》规定，因地制宜地制定本地投资目录，科学设定投资导向，对重点项目提供必要的财政支持。《社会资本投资农业农村指引（2021年）》与2020年指引在结构设计上保持了一致，均由总体要求、鼓励投资的重点产业和领域、创新投入方式、打造合作平台以及营造良好环境五部分构成，其中的细分要点也基本保持了稳定，从而在很大程度上体现了政府引导社会资本投资农业农村政策的连续性和稳定性。不同的是，《社会资本投资农业农村指引（2021年）》新增了农业对外合作内容，这对引入外国资本、构建双循环新发展格局意义重大。此外，供应链金融和乡村振兴票据等创新性金融产品被纳入其中，成为当前社会资本投资农业农村保障措施发生积极变化的一个缩影。

对地方政府而言，要严格遵循指引规定，事前搭建政企、农企合作平台，为社会资本投资农业农村提供规划、项目信息、融资、土地、建设运营等一揽子、全方位投资服务，为社会资本下乡提供科学决策支持。通过政府部门的牵头组织，加强企业与农户、村集体的沟通、交流、对接，寻找更贴合本地农村实际的产业和项目，找准利益汇合点，构建"户企融合"的农户紧密型利益联结机制，把农户利益有机嵌入"下乡资本"的产业链上。在编制本地投资目录时，要突出"下乡资本"的"务农"本色和发展定位，逐级论证并形成科学、完备的农业发展规划，引导社会资本重点从事农民"干不了、干不好、干不划算"的产业，探索建立并不断完善社会资本下乡项目数据库。对于链条长、农民参与度高、受益面广的产业项目，要把就业岗位更多地留给当地农民，并积极创造条件为就业农民办理社会保险，增强农村经济增长的内生动力。对于不符合本地投资目录的项目，严禁改头换面、包装入市。对于重点投资项目，要依法制定地方税收优惠政策，地方政府可以通过贴息、补助、奖励等形式提供必要的财政支持，促进社会资本建设与农村金融服务有效对接。

▶ 有效应对地方政府招商引资压力大与监管能力不足风险，依法实施监督管理

目前，地方政府在招商引资过程中存在着招商引资压力大与监管能力不足的风险，主要体现在：一些地方缺乏农村投资金融方面的专业管理人才，没有制定科学系统的配套政策、专项规划与支持制度，导致招商引资计划指标不切实际，对社会资本缺乏必要的事前审查，容易陷入不必要的资本引入困境，被迫为"问题下乡资本"买单。长期以来，我国农村金融发展一直落

后于城市，农民融资难问题突出，农业和农村发展主要依靠政府投资，社会资本下乡虽然可以解决农村资金缺口并发挥资金补充作用，但是面临诸多制度供给不足问题。对鼓励社会资本投资的乡村项目，一些地方政府仍缺乏体系化的专项配套政策与制度安排，一些政府官员还缺乏对社会资本下乡进行监管的实际能力，"下乡资本"的安全风险防控存在现实薄弱环节。

加强对"关键少数"领导岗位的人员配置，严格依法办事、依法行政，夯实"下乡资本"监管的制度基础，是做好风险防控的重要内容。为此，需要从以下五个方面入手：

其一，从社会上积极选拔一批懂农业、懂金融、会管理、有经验的年轻领导干部充实到基层一线干部队伍中，坚持抓住领导干部这个"关键少数"，加强专业知识培训，提高领导干部运用法治思维和法治方式深化改革、推动发展、化解矛盾、维护稳定、应对风险的能力，提高领导干部对我国乡村振兴的阶段性、多样性、复杂性和特殊性的认识。

其二，建立和完善社会资本下乡的监督管理制度。在《中华人民共和国种子法》《中华人民共和国农产品质量安全法》《中华人民共和国农业法》《中华人民共和国农业机械化促进法》《中华人民共和国农业技术推广法》《中华人民共和国农村土地承包法》《保障农民工工资支付条例》等法律法规的基础上，进一步完善乡村振兴投资基金、农村土地信托、水利工程、节水灌溉、生态循环农业以及政府与社会资本合作等方面的法律制度，合理确定招商引资项目，严格限制资本准入条件，明确负面清单，设立"防火墙"，不断创新全产业链开发模式和区域整体开发模式，依法依规分类规范和监管社会资本涉农投资行为，坚决防止危害粮食安全、导致耕地退化、寄生土地食利的"问题社会资本"下乡，确保引入的社会资本真正下乡"务农"。

其三，充分调动村集体经济组织以及村"两委"的积极性，发挥其在农村土地经营权流转市场的第三方评估与监督作用，注重听取其意见和建议。

其四，坚持过程监管。除了在社会资本展开大规模投资前审查其提供的可行性报告、风险评估报告、利润分配方案等文件，还要在项目实施过程中积极开展定期或不定期的专项检查，及时了解农地用途、项目实施、经营效益、风险防范、农民满意度等情况，探索利用网络、遥感等现代科技手段实施土地和项目的动态监测机制。

其五，及时制止和处罚违法违规行为。对撂荒耕地、擅自改变农地用途、污染土地等违法行为，要严肃查处并依法追究相关人员责任。对失信的社会资本，要通过国家企业信用信息公示系统向社会公示，并启动联合惩戒机制进行相应的惩戒。

总之，社会资本是我国乡村振兴不可或缺的重要力量，社会资本下乡必须秉承负责任投资原则，不偏离"三农"发展宗旨，不危及国家粮食安全，不损害农民主体利益，不破坏农村生态环境，避免"富了老板，亏了老乡"。要充分认识新发展阶段全面推进乡村振兴的必要性和紧迫性，正确把握社会资本的投融资特性和市场规律，在激发社会资本投资活力的同时为"下乡资本"设置好"红绿灯"，更好地满足社会资本下乡的政策需求与制度需求，营造公平竞争、预期稳定的市场法治环境。

参考文献

[1] 战振海,姜会明.社会资本下乡助力乡村振兴的路径研究[J]. 东北农业科学,2020(06).

[2] 钟树杰.用社会资本提升乡村治理水平[J]. 人民论坛,2020(08).

［3］蒋云贵,瞿艳平.土地流转、工商资本与投资农业风险——来自湘鄂地区的实例验证[J].江汉论坛,2017(12).

［4］徐宗阳.资本下乡的社会基础——基于华北地区一个公司型农场的经验研究[J].社会学研究,2016(05).

［5］周飞舟,王绍琛.农民上楼与资本下乡：城镇化的社会学研究[J].中国社会科学,2015(01).

优化农村集体产权制度改革推进乡村治理现代化

刘合光

中国农业科学院农业经济与发展研究所研究员

我国国家治理体系和治理能力是中国特色社会主义制度及其执行能力的集中体现[①]，而推进国家治理体系和治理能力现代化需要我们进一步深化治理体制改革、完善治理体系、增强治理能力。党的十九大指出，要"深化农村集体产权制度改革，保障农民财产权益，壮大集体经济"。党的十九届四中全会通过的《中共中央关于坚持和完善中国特色社会主义制度 推进国家治理体系和治理能力现代化若干重大问题的决定》指出，要"深化农村集体产权制度改革，发展农村集体经济，完善农村基本经营制度"。在这里，党中央把乡村经济治理作为国家治理体系和治理能力现代化的重要组成部分，进

---

① 中共中央关于坚持和完善中国特色社会主义制度 推进国家治理体系和治理能力现代化若干重大问题的决定[R/OL].（2019-11-05）.中国政府网.http://www.gov.cn/xinwen/2019-11/05/content_5449023.htm.

行了明确部署。进一步深化农村改革，提升乡村治理现代化水平，是国家治理现代化进程中的关键环节。其中，推进农村集体产权制度改革，充分发挥其治理效应，可以为乡村治理提供制度供给和政策动力，有利于实现乡村"治理有效"的目标，从而推进国家治理现代化目标的实现。

▶▶ 国家治理现代化格局中的乡村治理

国家治理现代化是一项复杂的系统工程，涉及国家经济、政治、文化、社会、生态等诸多领域。在城乡格局中，国家治理现代化集中体现为城镇治理的现代化、乡村治理的现代化以及城乡融合发展的现代化。因此，在国家治理现代化格局中，如果缺乏乡村的治理现代化，或者乡村治理的现代化水平不达标，这个格局将是不平衡的，治理的现代化水平将是不充分的。

可见，乡村治理在国家治理现代化格局中具有重要地位，主要表现在以下几个方面：第一，乡村治理是国家治理的重要内容；第二，基于市场经济发展过程中，乡村发展的滞后和乡村资源的"被抽取"和"被剥夺"，乡村治理是过去一段时期内国家治理中被遗留的、未有效治理的难点，乡村治理现代化也就成为未来国家治理现代化需要加强的关键环节；第三，乡村治理现代化是国家治理现代化在空间格局上达到平衡、充分治理目标的核心内容和重点任务。

在国家治理现代化进程中，一方面，党领导下治理国家的制度体系，包括经济、政治、文化、社会、生态文明和党的建设等各领域的体制机制、法律法规安排，要全面覆盖城乡。在这种全面覆盖格局中，乡村不能短腿，更不能缺席。另一方面，运用国家制度管理社会各方面事务的能力也要全面提升并延伸到城乡发展的各领域，在这一过程中，农村事务管理能力要同步提升，农村的改革发展稳定要同步推进，农村党的建设更要全面加强。

农村集体产权制度改革的治理效应

农村集体产权制度改革是巩固社会主义公有制、完善农村基本经营制度的必然要求[1]，这种改革具有很强的治理效应。农村集体产权制度改革不仅是农村经济体制改革的一项重要内容，实际上这种改革对乡村治理也有着重大影响。从治理角度来理解，农村集体产权制度改革本身就是乡村治理体系的改革，它直接带来了治理理念、治理资源、治理主体和治理体制机制的重大变化[2]。农村集体产权制度改革的治理效应主要可以归纳为以下四种：

第一个效应：农村集体产权制度改革明晰了乡村治理的核心理念。我国要实现的治理现代化是建立在公有制基础上的治理现代化，是在中国共产党领导下的治理现代化。因此，必须充分发挥社会主义制度优越性，更好地发挥中国共产党领导这一最大优势。在乡村治理的核心理念中不能削弱更不能清除公有制这个基础。改革开放以来，家庭联产承包责任制激发了农民的生产积极性，但在一定程度上削弱了集体经济在乡村的基础地位和主导地位。

---

[1] 中共中央 国务院关于稳步推进农村集体产权制度改革的意见[R/OL].（2016-12-26）.中国政府网.http://www.gov.cn/gongbao/content/2017/content_5163444.htm.

[2] 仝志辉,韦潇竹.通过集体产权制度改革理解乡村治理：文献评述与研究建议[J].四川大学学报（哲学社会科学版）,2019(01):148-158.

推进农村集体产权制度改革,就是要让集体经济壮大起来。农村集体产权制度改革进一步明晰:乡村发展和治理的核心理念是要在发展壮大公有制经济的基础上,实现共建、共治、共享。

第二个效应:农村集体产权制度改革优化了乡村治理的经济资源。治理表现为相关主体在一定制度基础上互动体现出来的秩序与格局,而主体的行动是其资源和制度安排的映射。在我国乡村治理中,集体作为主要参与主体之一,在乡村制度安排中具有重要地位,应该拥有相应的经济资源和制度赋予的定位性安排。农村集体产权制度改革首先致力于壮大集体经济,可以为乡村治理提供必要的物质基础和财力保障。在改革进程中,逐步壮大的集体经济对村庄的社会经济、治理组织、公共权力产生影响,并通过组织决策、公共管理、公众参与的路径实现这种影响[1]。通过改革,集体经济进入良性循环的发展轨道,对于村级治理的事务设置、权力产生、干群关系、权力监督等各个方面都将逐步产生更加积极和更有分量的影响。此外,农村集体产权制度改革的目标设定"归属清晰、权能完整、流转顺畅、保护严格",将促进乡村产权的归属明化、权能全化、保护强化、流转顺化,有利于大幅度提升农业发展和乡村建设的资源配置效率,吸引更多来自城镇的先进资本、人才和治理经验等治理资源流向乡村,促进乡村治理现代化水平的提升。

第三个效应:农村集体产权制度改革强化了乡村治理的主体。治理是主体互动的过程,治理格局是主体互动的状态与结果。现代化的治理是现代化的主体在现代化制度安排下以现代化行为方式互动而达成的一种治理状态。

---

[1] 仝志辉,韦潇竹.通过集体产权制度改革理解乡村治理:文献评述与研究建议[J].四川大学学报(哲学社会科学版),2019(01):148–158.

任何一项治理政策、工作或任务最终都要依托于具体实在的组织和个人即治理的主体[①]。从这个意义上来说，想要达成什么样的治理状态就要看培育或存在什么样的主体。我国致力于坚持和完善中国特色社会主义制度、推进国家治理体系和治理能力现代化，在乡村治理上同样要把社会主义制度体现在乡村治理体系和治理能力现代化的过程中。农村集体产权制度改革有利于健全农村集体经济组织，赋予集体经济组织法人主体地位，使农村集体发展有组织、有载体，这与国家治理现代化的目标是吻合的。此外，预期稳定的农村集体产权制度改革有利于激活村庄内部的各种治理主体，也有利于吸引内外部多元治理主体有效参与和协同推进乡村公共事务治理。

第四个效应：农村集体产权制度改革有利于优化乡村治理机制。治理机制是治理主体在一定体制下相互作用的模式、路径和过程。乡村集体和乡村集体成员均是乡村治理的主体，但自家庭联产承包责任制改革以来，二者的行动边界、责权利界定、公共事务参与模式较为模糊，而农村集体产权制度改革厘清了这些问题，明晰了成员的产权和资格，有利于分清乡村治理各主体的"责、权、利"，清晰勾画出集体和成员参与公共事务治理的合理模式，并据此形成了新的治理结构；有利于治理主体妥善处理相互之间的利益博弈，从而形成有效治理的均衡格局。农村集体产权制度改革建立了集体和成员的利益共建、共赢、共享机制，扩大了成员和集体的利益联结、分享空间，实现了成员和集体的利益相容，有利于减少农村基层矛盾，从而更加容易达成共识和规则，使乡村治理秩序趋于优化，乡村治理机制逐步理顺。

---

① 仝志辉，韦潇竹. 通过集体产权制度改革理解乡村治理：文献评述与研究建议[J]. 四川大学学报（哲学社会科学版），2019(01):148-158.

▸ 理顺三大关系，协同推进农村集体产权制度改革和乡村治理

从治理角度考察，农村集体产权制度改革与乡村治理体系改革是辩证统一的。推进农村集体产权制度改革，也就是推进乡村治理现代化的进程。在推进国家治理体系和治理能力现代化的进程中，要发挥好农村集体产权制度改革的治理效应，协同推进农村集体产权制度改革和乡村治理。如何协同推进？关键是要理顺三大关系，实现三大目标，最终助力国家治理现代化。

▸ 理顺党的领导和乡村改革治理的关系，明确加强党的领导

坚持和完善中国特色社会主义制度、推进国家治理体系和治理能力现代化，是全党的一项重大战略任务。在明确国家治理现代化目标中，党中央强调要健全城乡融合发展体制机制，健全党组织领导的自治、法治、德治相结合的城乡基层治理体系。这意味着党组织是乡村建设、改革和治理的主导力量。我们要清楚地认识到：中国共产党领导是中国特色社会主义最本质的特征，是中国特色社会主义制度的最大优势，党是最高政治领导力量。因此，要将产权改革与强化党对基层基础工作的领导结合起来。一方面，通过农村集体产权制度改革，发展壮大集体经济，增加集体经济收入，进一步巩固基层党组织的领导地位，更好地发动群众、组织群众，办成以前办不成的事情。另一方面，通过发挥农村基层党组织的领导核心作用，加强农村基层群众自治组织建设，让农民群众实现自己的事情自己办，逐步建立起新发展阶

段的乡村治理新体系。

▶▶ 理顺公和私的关系，充分发挥以公有制为主体、公私两种成分融合发展的优势

推进农村集体产权制度改革、加强乡村治理，既不是把公有制改垮、改没，让私有制"一私横行"，也不是退回到过去"一大二公"的老路，让私有制经济成分没有生存的空间。在不断推进国家治理体系和治理能力现代化的过程中，要坚持改革开放以来行之有效的基本经济制度，即"公有制为主体、多种所有制经济共同发展，按劳分配为主体、多种分配方式并存，社会主义市场经济体制等社会主义基本经济制度"；要毫不动摇地巩固和发展公有制经济，毫不动摇地鼓励、支持、引导非公有制经济发展。在乡村治理中，要继续深化农村集体产权制度改革，发展农村集体经济，进一步完善农村基本经营制度。这就是要兼顾公与私的关系。理顺二者关系，一要强调公有制的主体地位，把农村集体经济发展壮大起来，让村集体在乡村治理中有更强的经济基础做支撑；二要促进非公有制经济健康发展和非公有制经济人士健康成长，促进私有经济成分和公有经济成分融合发展，保护好在籍村民和非在籍在村居民的财产权和其他经济权益，保护和支持他们在乡村治理中的参与权和主动治理能力；最终通过二者的协同发展，合理推进乡村治理的现代化。

理顺城和乡的关系，在城乡融合发展中实现乡村治理现代化目标

经过 70 多年的发展，我国正处于从"乡土中国"向"城市中国"过渡的阶段，即"城乡中国"阶段。城乡中国将成为中国今后相当长时期的一个阶段[1]，在此阶段，国家治理现代化不能回避"城乡中国"的现实背景，推进农村集体产权制度改革和乡村治理要从这一现实背景和发展趋势中去梳理改革和治理需要考量的因素、力量和政策。从这个意义出发，农村集体产权制度改革和乡村治理要坚持城乡融合发展理念，理顺城乡关系；要坚持以城乡平等发展为基础，致力于实现城乡两个文明的共生、共融、共荣；要推进城市与乡村良性互动，促进生产要素、治理要素、生产技术、治理技术在城乡间的有效配置；城乡治理制度机制模式要互相借鉴启发，城乡治理力量要平衡匹配，以同步实现城乡治理现代化目标。

中国农业科学院农业经济与发展研究所博士研究生刘国强对本文亦有贡献。

---

[1] 刘守英，王一鸽. 从乡土中国到城乡中国——中国转型的乡村变迁视角 [J]. 管理世界 ,2018(10): 128–146+232.

参考文献

［1］习近平.习近平谈治国理政（第一卷）[M].北京：外文出版社,2014.

［2］王伟光.努力推进国家治理体系和治理能力现代化[J].求是,2014(12).

［3］刘合光.激活参与主体积极性，大力实施乡村振兴战略[J].农业经济问题,2018(01).

现代化：小康之后乡村发展的战略方向

张国有

北京大学光华管理学院教授

现代化是中国乡村发展的必然趋势。按照国家现代化蓝图，从 2021 年开始，用 30 年左右的时间建成社会主义现代化强国。这个愿景下我国所有的县和县级市，都转向现代化发展轨道。2018 年年底，河南省周口市淮阳县农村居民可支配收入为 10410 元，贫困户年人均可支配收入已经稳定超过脱贫标准，同时达到"两不愁三保障"等脱贫要求。2019 年 5 月，河南省政府批准淮阳县脱贫摘帽。2019 年 8 月，淮阳撤县设区。2020 年年底，淮阳区 32768 户 131786 人贫困人口全部迈入巩固脱贫成果、促进乡村振兴、推进乡村现代化的新征程。

涵养村风正气：强化村级领导班子，完善规则制度，扶正村风民风，构造乡村现代化健康发展的基本条件

乡民理念、规则的变化起步于乡村风气的变化，只有在扶正乡村风气的条件下才能夯实乡村现代化发展的基础。淮阳区从扶贫中的腐败和作风问题入手，联合相关部门的力量，结合村级组织建设、信访问题化解、村级资金资产资源管理等工作，进行了"清隐患、强班子、建机制、正风气"的综合治理行动，为乡村现代化发展奠定了坚实基础。其中，扶正村风民风的关键在于"两个措施"到位：①组建能干事、村民认可的村级领导班子；②有一套合理的规则制度。

建立群众信任的村级领导班子，是扭转乡村风气、促进乡村现代化发展的基本保证。首先，淮阳区坚决调整"软、散、瘫、恶、乱"的村级班子，坚决杜绝"恶人治村"或宗族势力把持基层政权的现象。其次，通过举行党员会和群众会、设立求贤箱、张贴求贤榜、发放求贤信等形式，征询群众意见，推选贤人、能人进入村"两委"及村监委，建立一支政治强、作风正、人品正、清白干净、群众认可的村级班子。

对于建立一套合理的规则制度，淮阳区着重在村级班子建设和民众管理上推行四个规则：一是推行"微权四化"，建立权力清单化、履职程序化、监督科技化、问责常态化的领导班子廉政体系。二是村干部在"四议两公开两审一监督"的制度框架下履职用权。"四议"是指对要决议的事项，须经村党支部会提议、村"两委"会商议、党员大会审议、村民代表会议或村民会议决议，最后确定下来；"两公开"是指将决议事项的决议公开、实施结果公开；"两审"是指对决议事项的决议及实施结果，要经村干部审核、职

能站所审定;"一监督"是指对决议事项的决议过程及实施,村务监督委员会要进行全程监督。三是制定"逢六"村务日制度,将农历每月的初六、十六、二十六作为"村务日"。在村务日,村领导班子围绕村务谈事、议事、集中办事,避免有些问题久拖不决。四是在自然村组织村民、村民组制定村规民约,建立村民议事会、红白理事会、道德评议会等自治性组织,及时通达民情民意、调解纠纷、化解矛盾。

各地情况千差万别,应遵循中央的原则,结合地方实际,制定和完善切实可行的规则制度,这有利于规范当地领导班子及民众的行为。用规则去规范办事流程,用规则去管控权力的行使,再加上得力的村级领导班子,就能进一步增强乡村治理能力,尽可能实现"小事不出组,大事不出村"。村风民风健康起来,乡村乡民具有更强的生机活力,这也为实现乡村现代化夯实了基础。

▶ 行政村现代化的推进:从小康转向现代化发展,以自然村为基点进行村组合,在多个领域进行不同梯阶的现代化选择

相近的几个自然村组合成一个便于管理的组合村。组合村具有行政管理职能,所以又叫"行政村"。行政村所在地也是个自然村,不同的是将村委会、党组织等设在这个自然村中,集中管理周边村的事务。淮阳区大连乡的赵寨行政村,就组合了赵寨、林楼、新陈庄、黄店、顾陈庄、高庄、万楼、王洼八个自然村。村委会、党支部、监委会等设在赵寨村,架构了一个"自然村组合+行政管理"的模式。

第四章 和谐乡村

乡村现代化是在自然村现代化和行政村现代化的基础上进行的。行政村的组合规模大、人口众多，可以在较大的区域中有规模地促进生产、生活、生态、文化、治理等方面的振兴。例如，赵寨行政村要管理1132户、5033名村民的事务，要在4923亩耕地上支持和协调村民从事农作物种植。在这个规模上从事规模化运营，要比几百亩的自然村更加有利，也比较符合现代农业发展的逻辑。

行政村从小康转向现代化发展的过程中，究竟要做些什么事情？经过调研考察，我们发现每个行政村的情况和起点不同，不便具体界定某个行政村在某个时段一定要做什么事情。但归纳起来，某个行政村至少要在以下五个领域中进行现代化事物的梯阶性选择。

第一个领域是"村民生产的现代化发展"，如土地林地水塘等生产对象的合理开发利用，机械、电力、喷灌滴灌、温室种植、无人机、无土栽培、数字化生产与管理等生产技术手段的更新使用，农户承包、家庭农场、入股合作社、城乡合作、公有制集体经济等生产关系的变化等，在这个领域，有的村落已经实现农业生产机械化及喷灌操作，有的大力发展村集体经济，有的积极进行乡村数字化管理的探索等。不同的追求呈现出对不同梯阶生产现代化的场景选择。

第二个领域是"村民生活的现代化发展"，如住房的砖瓦房、混凝土钢筋构造、健康型人居组合、功能环保等居住条件的第次改善，村民对自行车、公交、铁路、小轿车等出行工具的选择，电视、手机、网上社交、网上交易系统的使用，品质化、多样化生活用品、休闲服务的便利程度等，在这个领域，现代化程度的特征性差别在于居屋的新型构造及布局、小轿车的拥有、计算机网络的使用等。不同的追求呈现出对不同梯阶生活现代化场景的选择。

第三个领域是"村落生态的现代化发展"，如水土渠堰的修整、林地植被的涵养，家庭厕所与公共厕所的改造建设，垃圾、污水、废旧农膜、包装废弃物的回收处理，农作物秸秆、畜禽粪污的资源化利用，清洁能源、可再生能源的使用等，在这个领域，现代化程度的特征性差别在于农户厕所及公共厕所的改造升级、废弃物的分类与处理、清洁能源的使用等，不同的追求呈现出对不同梯阶村落生态现代化场景的选择。

第四个领域是"村落文化的现代化发展"，如发展健康的文化艺术活动。建设村庄的图书室、视听网络、体育运动区等，建立和维护良好的邻里关系，倡导尊老爱幼的传统等。在这个领域，现代化程度的特征性差别除了表现在硬件文化设施建设方面，还表现在理念、规则、行为的养成，对勤劳致富、关心集体、诚信和睦、互帮互助等良好传统的坚守等方面。不同的追求呈现出对不同梯阶村落文化现代化场景的选择。

第五个领域是"村落治理的现代化进步"。乡村治理的重心是村落治理，而村落治理是在村民不断进步的理念规则基础上推进的。所以，村民素质和规则意识的培养是村落治理现代化的关键。例如，根据不同的发展阶段，制定不同的村民行为规范、公共规则、合作共治制度等，以规则、制度规范村民的自治行为；在村民培养培训的基础上，还要注重行政村领导及管理人员的培养培训和整个良好风气的养成。现代化程度的特征性差别在于能否依据村民的素质层次有针对性地制定现代化规则，以规则为基础进行村民训练和管理。

对于上述五个领域，实际情形要丰富得多，从小康转向现代化发展轨道后，行政村可以根据自身的情况，选择在某个时段想做、能做且能做成、做好的事情，一步步地去做。

▶ 乡镇现代化的推进：关注组合村的现代化和乡镇中心的现代化，建设微城市，形成田园环境中的"乡镇政府 + 村组合 + 微城市"

乡镇现代化首先关注的是乡镇政府辖管下的各行政村现代化的协调推进。例如，淮阳区安岭镇要在 102 平方千米的区域内，领导 7.8 万人，使用 8.8 万亩耕地，对 34 个行政村的现代化进行协调推进。从实际情况来看，乡镇政府在现代化推进上主要做的是行政村想解决但又解决不了或解决不好的问题。例如，为各行政村的农户承包、合作组织、集体经济发展提供法律帮助；吸引和支持返乡入乡人员在各村创业并提供相关咨询服务；为行政村干部、专业合作社、家庭农场、电子商务、社会化服务组织的发展提供管理培训；帮助建设好村民委员会民主决策机制和村务公开制度；引导和支持集体经济组织依法管理集体资产、合理开发集体资源；提升乡镇政府和行政村的公共服务数字化、智能化水平，支持完善村级综合信息平台的建设，促进公共服务与自我服务的衔接等。

在促进乡镇经济现代化发展方面，乡镇政府的支持必不可少。例如，根据各行政村的历史文化、发展现状、区位条件、资源禀赋、生态优势、产业基础等情况，分类指导和支持特色农业、休闲农业、农产品加工业、乡村旅游、康养产业、乡村物流等产业的发展；在某些行政村建设或引进新型经营主体，建设特色园区，进行专业化经营；在"一村一业"的设想中，联合相关行政村，将农产品生产地、集散地、销售地等统筹起来，建设产业链、供应链，打造有竞争力的特色乡镇。

乡镇现代化还关注乡镇中心的现代化。乡镇中心的商业、加工业、服务业等各种交易交往更加频繁，公共设施比一般的村落要好。乡镇中心其实就是"微城市"。这种"乡镇微城"是距离村民、自然村、行政村最近的一个微型现代化场景。"微城市"将来要星罗棋布，遍撒乡村大地，形成"乡镇政府+行政村+微城市"的现代化推进架构。乡和镇还不太一样。相比之下，乡的农业比例大一些，人口少一些；镇的工业比例大一些，人口多一些。有的地方撤乡并镇，集中发展小城镇、中心城镇，进而加速城市化。乡减镇增也是乡村现代化发展的一个表现。

据民政部统计，截至2019年年底，全国共有38734个乡级区划，其中有20975个镇、9242个乡、8515个街道。经过近二十年的发展，乡（包括民族乡）的数量从2000年的24555个减少到2019年的9242个，减少了62%；街道的数量从2000年的5902个增加到2019年的8515个，增加了44%；镇的数量从2000年的20312个增加到2019年的20975个，增加了3%。乡的数量在下降，街道的数量和镇的数量在上升，这从侧面说明乡村现代化、城市化正在加速发展。

乡镇政府是通过政权进行现代化协调的最为基层的机构。基层政权办事和亲民的特性，使其负有基层区域高品质发展、基层民众高品质生活、村民村落与自然和谐共生的责任。这些责任都要通过乡镇现代化进程逐步实现。

县市现代化的推进：田园环境＋现代化县城＋现代化乡镇微城＋现代化自然村生活，构造乡村现代化的完整场景

县市现代化进程的标志至少有三个：一是辖区内各乡镇现代化的协调推进程度；二是县城的城市现代化建设的水平；三是辖区国民经济和社会发展对缩小城乡差距、吸引大城市人口回流乡村的影响。

县市在乡镇现代化进程中主要履行领导、协调、促进、监督等职责。各乡镇根据自己的情况推进本辖区内的现代化建设，而乡镇之间的现代化发展主要由县市来协调。例如，统筹规划、建设、管护城乡道路及公共领域的垃圾污水处理；辖区内供水供电供气、物流、客运、信息通信、广播电视、消防、防灾减灾等公共基础设施建设；促进县市区域内的公共教育、医疗卫生、社会保障等社会事业的发展；吸引和鼓励区外资本到乡镇、村落发展，繁荣乡村经济；发展都市农业、智慧农业；在农村集体产权的股权流转、抵押和跨社参股、完善利益联结机制等集体资产股份权能实现上进行探索和改革；在新型工业化的基础上实现农业高质高效，在数字化的田园环境中实现乡村宜居宜业，在小康的条件下加速推进田园城市居民的富裕富足等。当然，县市需要协调的不仅仅是这些。

县城和县级市的城市建设是县市现代化的重要组成部分，是村民看得到的最近的完整的现代化城市场景。发达的县市要建设发达的中心城市，欠发达的县市在各方的支援下也要建设中心城市。建设县域的中心城市有几大好处：一是可以吸引村民到中心城市里生活和工作；二是可以使村民参照县城居民的标准在田园乡居中规划和城市居民同等水平的生活；三是行政村、乡镇也可以在公共设施、公共服务、公共规则方面参照县城、省城的水平进行

建设。这样可以逐步实现城乡融合发展，缩小城乡差距。

县市的现代化有两个方面值得特别关注：①县市现代化进程引起的富裕来源重点不宜建立在加工制造业、旅游业等非农产业上，应放在农业高质量发展上。在乡村建设田园城市，在乡村建设实验室，建设种子库、搞智慧农业，将农村农民富裕的来源建立在农产品生产的高科技、数字技术、新型工业上。②另一个需要特别关注的是城乡差距的缩小及共同富裕的实现。在这方面，可以设置一些指标对城乡进行评测，如可支配收入、受教育年限、医疗条件、养老情况、公共服务、社会风气等。尽可能通过一些切实的指标来考察乡村现代化对缩小城乡差距的影响，进而采取有力措施，促进城乡差距的缩小，推进共同富裕。

▶ 推进乡村现代化"上台阶"：进行台阶评测，将国家现代化的重心下沉到县市，将民众组织起来，有秩序地稳健发展

县市在考量辖区现代化水平时，考量的是现实的步伐、现实的台阶，而不是臆定的标准。怎么判断乡村现代化的台阶？以乡村灶火为例。早先使用柴火灶，烧秸秆、树枝、干草等，这比钻木取火现代化，可将其看成是现代化的一阶。后来用泥煤或者蜂窝煤烧饭，对灶台进行了改造，这和烧树枝秸秆比又进步了，可将其看成是现代化的二阶。再往后是用液化气罐的厨房灶，这比烧煤要方便、干净，可将其看成是现代化的三阶。后来换成有天然气管道的厨房灶，天然气用管道输送，用电子点火器打火，灶具也有些变化，现代化水平又高了些。到了这个层次，村里要进行基础设施改造。为降

低成本，有必要在组合村、乡镇、县市进行大面积铺设，促进能源使用的现代化扩展，我们可将其看成是现代化四阶。厨房灶的发展还有使用电能的电感应灶，需要进行电力供应、电网传输等方面的基础设施改造，我们可将其看成是现代化五阶。今后还会有更适宜的能源及灶器具出现。上述就是乡村灶火的现代化梯阶。

现代化程度分阶梯，而乡村现代化进程也是有阶梯地发展。我们需要判断和测评生产、生活、生态、文化等不同领域的现代化梯阶。如同不能强迫村民一定要使用哪种灶具一样，我们也不能强迫某个自然村、组合村、乡镇一定要接受某个现代化标准，但可以进行相应的倡导、引导。在同一时期，可能同时存在几个梯阶场景，根据条件可以进行选择。假设有三家村民，其中一家用煤灶、一家用气罐灶、一家用天然气灶，三家就会比较，如果觉得天然气灶先进，前两家就会产生加速现代化的需求，这就是梯阶激励。这种激励机制同样会发生在不同的组合村、不同的乡镇之间。如果城市居民和乡村居民同在使用天然气灶，那么这一领域里就不存在城乡差别。将灶火逻辑扩展开来，将经历村民对事实的比较和模仿、自然村相互激励、行政村和乡镇引导协调、县市总体平衡的过程。乡村现代化没有统一的标准，谁家先进，哪里现代，都可能成为追求的场景样板。

中国乡村现代化一方面是村民自主的主动进取的过程，另一方面也是村民有组织发展的进程。从目前的现实架构看，在自然村落里有村民组和村民组长，有社会网格，这是基点上的有组织的功能。自然村之上有行政村，设置了村委会和党组织进行领导与协调，这是第二层的有组织的功能。行政村之上有乡镇政府，通过乡镇政权进行领导与协调，这是第三层的有组织的功能。在乡镇政府之上有县市政府的设置，通过县市政权进行引领与统筹，这是第四层的有组织的功能。多层职能，自上而下服务于民众，自下而上汇聚于县市，构成了一体化动力的现代化促进机制。

国家所有的意图、政策、规划、计划等都要在县市落实，县市成为国家政权和国民经济的基础。农业现代化、农村现代化、农民现代化是国家现代化中最为艰难但最具有标志性的部分。在战略和管理上，国家现代化的重心要下沉，以县市为基础，赋予县市更多的资源整合使用自主权，将城乡居民组织动员起来，推进乡村现代化上台阶。从战略方向上看，乡村现代化必须在乡村正气的环境中，以自然村为基点，以行政村为抓手，从小康转向现代化发展轨道，建设乡镇微城，构造县市级的乡村现代化的完整场景，通过一体化的力量，有秩序地推进乡村现代化上台阶，稳健地助力实现中国的社会主义现代化愿景。

2021年5月中旬，张国有随人民论坛调研组到河南省周口市淮阳区考察调研乡村治理与乡村发展情况。淮阳区的发展为乡村振兴和乡村现代化提供了许多思考与借鉴。

第五章
城乡融合发展

城乡融合发展是城乡关系的新发展阶段,是国家现代化的重要标志。新时代推动城乡融合发展,需要用好乡村振兴和新型城镇化战略两个抓手,认清城乡融合发展的进展、障碍,找准突破口,构建工农互促、城乡互补、协调发展、共同繁荣的新型工农城乡关系,为扎实推动共同富裕汇聚更强动力。

城乡融合、要素流动与乡村振兴

熊易寒

复旦大学国际关系与公共事务学院副院长、教授

2022年2月22日,《中共中央 国务院关于做好2022年全面推进乡村振兴重点工作的意见》发布。文件指出,要牢牢守住保障国家粮食安全和不发生规模性返贫两条底线,扎实有序做好乡村发展、乡村建设、乡村治理重点工作,推动乡村振兴取得新进展、农业农村现代化迈出新步伐。乡村振兴作为国家战略,其重要性不言而喻。以往人们主要从全面建设社会主义现代化国家的角度来解读乡村振兴的意义,即旨在缩小城乡区域发展差距和居民生活水平差距,实现基本公共服务均等化。习近平总书记在"七一"重要讲话中指出:"我们坚持和发展中国特色社会主义,推动物质文明、政治文明、精神文明、社会文明、生态文明协调发展,创造了中国式现代化新道路,创造了人类文明新形态。""中国式现代化新道路"为我们理解和诠释乡村振兴打开了新视野。

乡村振兴的基本特征：超大规模社会的共同富裕

"中国式现代化新道路"是对中国现代化道路的崭新定义。中国现代化的成功既体现了世界各国现代化的共性，如市场化改革、重视教育投入和基础设施建设；也有鲜明的中国特色，如渐进式改革、政策试点、注重中长期规划、兼顾效率与公平，其中最为显著的特点是坚持和发展中国特色社会主义。正因为这一现代化道路具有鲜明的中国特色，习近平总书记才称之为"中国式现代化"。

"中国式现代化"的一个重要维度是在一个超大规模社会实现共同富裕。这无疑是一个世界级难题，绝大多数发达国家仅实现了总量和均值意义上的富裕，北欧福利国家也只是实现了中小规模社会的全体富裕。邓小平同志曾指出："社会主义的特点不是穷，而是富，但这种富是人民共同富裕。"一部分地区、一部分人可以先富起来，带动和帮助其他地区、其他人，进而逐步达到共同富裕。改革开放以来，中国实现了"国富"和"先富"；党的十八大以来，以习近平同志为核心的党中央致力于实现"共富"。习近平总书记指出："共同富裕本身就是社会主义现代化的一个重要目标。"精准扶贫和乡村振兴都在努力缩小地区之间、城乡之间和居民之间的收入差距，前者基本解决了绝对贫困问题，后者正在逐步缓解相对贫困问题。从这个意义上讲，乡村振兴正在完成一个前无古人的伟大创举，即实现一个超大规模社会的共同富裕。中国共产党领导下的中国人民所追求的共同富裕，是物质文明、政治文明、精神文明、社会文明、生态文明的协调发展。只有实现这一目标，才是对西方资本主义文明的全面超越，才是人类文明新形态。

实现共同富裕是社会主义的本质要求，而要实现共同富裕，乡村振兴是必经之路。中国社会的一个显著特点就在于其巨大的规模：首先，从地域上看，中国幅员辽阔，沿海地区、中西部地区的自然资源差异巨大。从黑龙江黑河到云南腾冲的这条直线被称为胡焕庸线，该线东南半部4成多的国土面积支撑着全国超过94%的人口，而西北半部近6成的土地只承载了不到6%的人口，中西部地区经济发展水平存在明显差距。其次，从人口上看，中国历来都是世界第一人口大国。改革开放以来，中国从收入差距很小的"扁平社会"转向"精细分层社会"。一方面，中国拥有全球最庞大的中等收入群体；另一方面，中国社会90%的人月收入在5000元以下。

在一个规模巨大的社会实现共同富裕，几乎是一个"不可能完成的任务"。需要特别注意的是，中国的城乡差距是历史形成的。在收入层面，城镇居民和农村居民人均可支配收入均不断增长，但差距较大。得益于精准扶贫等"益贫式公共政策"，近10年来我国农村居民收入增速连续快于城镇，城乡居民收入差距有所缩小，但是2017年收入倍差仍高达2.7。在公共服务层面，城乡差距同样巨大。城乡不平衡的最突出表现是基本公共服务不均衡，这种不均衡表现在资源布局、能力提供和服务质量上，涉及教育、医疗、养老、公共文化服务和社会保障制度等各个方面。可以说，公共服务短板已经成为制约乡村发展的主要因素。

近年来，我们看到一个可喜的变化，就是城乡的收入差距和公共服务差距在迅速缩小。2020年农民人均可支配收入达17131元，比2019年增长了6.9%，其增长速度比城镇居民的快3.4%。2020年中央一号文件明确指出，要切实改善农村公共服务。在提高农村教育质量、加强农村基层医疗卫生服务、加强农村社会保障、改善乡村公共文化服务等方面作出了明确要求，并逐步取得实效。

▶ 乡村振兴的核心因素：城乡融合与要素流动

当前我国乡村的大部分问题都与城市化的模式有关。症状在村庄，根源在城市。长期以来，我国实行的是"经济吸纳，社会排斥"的半城市化模式。在这种模式下，农民进入城市，从事非农职业，但仍然摆脱不了农民身份，被称为农民工。半城市化实际上是一种行政主导的城市化。在这种模式下，一个人是不是城市需要的人才不是由市场决定的，而是由政府部门来认定的。符合政府设定的标准的，给予户籍或居住证，可以享受城市的公共服务和社会福利；不符合标准的，则被定义为流动人口，不在公共服务体系之外。这种模式产生了一系列问题，主要包括对农民工的制度性歧视问题、劳动力市场的二元分割、流动儿童的教育问题、留守儿童的问题、老年农民工的养老和医疗问题等。

人口流动是人们在"用脚投票"，是市场选择的结果。政府试图用"拆违""治理群租""教育控人"等方式进行人为干预，不仅有违市场规律和社会正义，而且发挥不了预期的作用。不可否认，在城市化时代，乡村有着不可替代的价值，但要真正解决乡村问题，需要重建城乡关系，需要基于人口自由迁徙的城市化。需要在农村自主发展的条件下，加大政府的转移支付力度和再分配职能，逐步实现公共服务的均等化，使农民在权利和福利层面与市民等值。只有打破地区间和城乡间的市场分割，促使生产要素（特别是劳动力）跨地区自由流动，缩小城乡差距和地区差距，我国的城市化进程才能更加健康，城乡关系才能更加和谐，农民的生活质量才能不断改善。

乡村振兴与新型城镇化都是以人为中心的，而不是以资本为中心的，人的自由全面发展要优先于资本的增值。具体而言，这里的"人"既包括村民，也包括专业人才。一方面，要促进农业转移人口市民化；另一方面，要鼓励专业人才投身农业农村发展，形成工农互促、城乡互补、协调发展、共同繁荣的新型工农城乡关系。乡村振兴要优先保障村民的利益，通过土地入股分红、租金、工资等多元化收入使村民富起来，不断缩小城乡收入差距，实现共同富裕；要吸纳乡村振兴所需要的专业人才，通过人力资本的集聚带动农村的产业聚集与产业升级。

上海市奉贤区青村镇吴房村是全市首批九个乡村振兴示范村之一。吴房村意识到，要想实现乡村振兴必须要有人才，不仅包括返乡创业的本村人才，也包括全国各地有志于在乡村创新创业的人才。吴房村有一个将近30人的运营团队，团队成员的平均年龄不超过30岁，其中不乏知名院校毕业或留学回国的专业人才。吴房村紧紧抓住青年创业的需求，营造有利于创业的环境：帮助年轻人降低创业成本，给予年轻人施展拳脚的空间，为青年产业社区"公园空间"做好公共设施配套。截至2020年5月，吴房村通过统筹运营、整体管理，已注册企业55家，引进"新村民"117人，园区内企业工作人员平均年龄27岁。人才向乡村回流和聚集，技术下乡也就水到渠成。而青年人才带来的新的发展理念、市场信息、经营思路和先进技术，对于农村和农业的发展都至关重要。

资本下乡是乡村振兴的重要推动力。城乡融合发展就是要打破人为设置的城乡边界，健全城乡融合发展体制机制。长期以来，资本都是向城市特别是大城市聚集。资本不足成为制约乡村经济社会发展的短板。2018年8

月，上海市的大型国有资本运营平台综合体上海国盛（集团）有限公司（以下简称国盛集团）在吴房村开展试点，深入探索国有资本参与乡村振兴的新模式，组建以长三角乡村振兴为主题的股权投资基金，引领和带动长三角城乡区域经济一体化发展。由国盛集团旗下的上海盛石资本管理有限公司、浙江思画科技服务公司等社会资本以及镇属集体资金，注册 2000 万元共同成立上海思尔腾（以下简称思尔腾）科技服务有限公司，负责吴房村一期园区的日常招商、运营工作。思尔腾在吴房村先行先试土地流转、业态导入及日常运营工作。平台公司的搭建使乡村的资源和资本合作，形成资产，获得资金，并立足全村全镇，统筹城乡一体化建设，走出了一条"基金＋运营"双举措并行助力乡村振兴发展的道路。

土地的资源化、资本化是乡村振兴的加速器。土地是乡村的核心资源，乡村振兴需要深化农村土地制度改革，使土地制度适应新发展格局下城乡融合发展的需求。农村土地制度与户籍制度实际上是联动的，因此应让农村的土地资源化、资本化，助力农村进城务工人员定居城市。2018 年年末，我国常住人口城镇化率为 59.58%，户籍人口城镇化率为 43.37%，二者的差距高达 16%，这似乎表明"经济吸纳、社会排斥"的"半城市化"模式仍在延续。但是，笔者在中西部地区的进一步观察则发现，"半城市化"正在转变为"职住分离"的城市化模式，这种模式的核心特征是"就业都市化"与"住房城镇化"。在早期的"半城市化"模式下，农民工在城市务工，用农村的宅基地建房；而在"职住分离"的城市化模式下，农民工在大城市务工，在小城镇置业。前者是在城乡二元空间中完成劳动力的再生产，后者是在城镇二元空间中完成劳动力的再生产。从大城市的户籍制度来看，两种模式下的农民工似乎并无区别；但从生活方式和生活质量的角度来看，后一种模式下的农民工福利得到了一定的改善，他们通过在小城镇置业使自己的家庭能够获得更好的教育、医疗资源。

▶ 乡村振兴的重要抓手：县城正在成为中国城市化的一个重要引擎

从笔者的调研来看，县城以相对低的房价、相对好的基础设施和公共服务体系，吸引了大量的农民工置业。但县域经济的规模又无法为这些农民工提供充分的就业机会，因此无法实现"就地城市化"，农民工的流向仍以大城市为主。"职住分离"的城市化给县城带来了房地产市场的繁荣，也带来了巨大的公共服务压力。以中部地区 H 县为例，近年来县城的义务教育阶段学生数量急剧膨胀，而乡村学校的生源急剧萎缩，县城的学生数多达 34000 人，其中最大规模的学校人数达 5400 人；其他 24 个乡镇的中小学生合计不过 71000 人，多数学校的学生总数为 50~300 人。这导致了两方面的问题：一方面是教育资源的需求日益旺盛；另一方面是优质生源和师资向省会和地级市集聚，H 县城优质教育资源逐步流失。"看病难，看病贵"的问题同样突出，随着交通便利化，县级医院的声誉处于下降趋势，同时医疗保险覆盖面不广，保障水平较低。

由于大城市落户仍有一定门槛，高昂的房价和生活成本也会制约农民工在大城市的定居意愿，"职住分离"的城市化或许会持续较长一段时间。县城是农民工进城置业的主要目的地，但县城恰恰也是我国城市公共服务体系中较为薄弱的环节。因此，在促进城乡融合发展的进程中，中西部地区要以县城为突破口，东部发达地区则要以镇为突破口，让县城、镇的公共服务体系更好地辐射农村；同时，应充分运用市场机制盘活存量土地和低效用地，深化农村宅基地制度改革，深入推进建设用地改革，完善城乡建设用地增减挂钩政策，为乡村振兴和城乡融合发展提供土地要素保障。

以上海市奉贤区为例，全区近31万亩耕地产值约40亿元，占全区总产值仅不到2%，农业经营性收入仅占农民收入的11%；集体建设用地亩均税收仅为1.7万元；宅基地出租、空置或仅居住60岁以上老人的，占比75%，村庄的空心化、老龄化、人口倒挂现象突出。为了盘活乡村资源，奉贤区开始进行"三块地"改革。针对宅基地空置问题，奉贤主要通过宅基地流转、置换、归并、腾挪等方式，把农村碎片化资源整合起来，探索发展"一庭院一总部"。为了增加招商的吸引力，南桥镇六墩村以租赁形式将宅基地使用权流转到村后，由第三方市场化平台进行改造和运营维护，同时对周边绿化、河道进行景观升级。通过宅基地流转，农民也可获得承包地和宅院出租收益，村集体可留存区镇两级税收，预计户均宅基地流转租金每年可达9万元左右，增加村级可支配收入18万元。

针对集体建设用地亩均产出低效问题，奉贤区试验以"一公园一总部""一庄园一总部"的农艺公园模式化解。该模式通过回购农村集体建设用地，按照"田成块、林成网、水成系、宅成景"的要求完善生态系统，进一步吸引企业总部入驻，通过导入优势产业实现升级，提高土地效益、壮大村级集体资产。针对农用地闲置或低效利用问题，奉贤区着重探索农村土地股份合作制改革，以创新和激活土地承包经营权流转机制为手段，推进土地承包管理的法制化、制度化和规范化，促进农民增收。具体主要有以下两种方式：一是村级入股外租和自营模式，以农民土地承包经营权入股，由村经济合作社牵头并以村为单位组建村级土地股份合作社，或统一对外租赁或发包，取得的收益按农户土地入股份额进行分配；二是由村级土地股份合作社将土地承包经营权作价折股后参与村级农民专业合作社经营，实行保底分红、二次分配。

▶ 乡村振兴的多方联动：顶层设计、地方创新与农民主体性

乡村振兴是一个系统工程，需要顶层设计与地方创新相结合。从顶层设计看，首先要促进城乡之间的要素流动，逐步实现人口、技术、资本、信息等要素的双向无障碍流动，从而改变长期以来的城乡二元格局，变城乡"剪刀差"模式为城乡融合发展模式；其次要构建初次分配、再分配、三次分配协调配套的基础性制度安排。通过市场机制，引导生产要素流向乡村和农业，创造更多的就业机会，切实提高农民收入；通过再分配机制，进一步完善税收制度，合理调节收入分配格局，增加公共服务支出比重，逐步将户籍与社会保障脱钩，实现城乡公共服务均等化，尤其是加大农村地区的人力资本投资；通过公益机制，鼓励企业和个人进行慈善捐赠，缩小各阶层的收入差距。

从地方创新看，乡村振兴需要因地制宜，充分发挥地方政府和农民的积极性。规模和异质性决定了我国的乡村振兴不可能有一个统一模式，需要处理好"一"和"多"的关系，所谓"一"，就是党的集中统一领导和顶层设计；所谓"多"，就是充分尊重农民的首创精神和村庄发展模式的多样性。譬如，上海市奉贤区在农民"离房不失房、离地不失地""建设用地只减不

增、基本农田只增不减"的前提下,引进国有资本和社会资本,盘活闲置农户宅基地、低效集体建设用地和承包地,将闲散农村资产资源股权化、证券化。又如,云南勐腊县贫困瑶族村——河边村的"瑶族妈妈客房"项目,把房屋改造成保留瑶族文化特色的杆栏式民居,同时在每户民居内建设一间嵌入式客房,用来接待游客;充分利用河边村的气候、雨林和瑶族文化资源,把河边村打造成集小型会议、休闲、康养和自然教育为特色的新业态产业。

劳动力市场转折、新技术变革与城乡融合发展

都阳

中国社会科学院人口与劳动经济研究所副所长、研究员、博士生导师

城市化是现代经济发展具有规律性的现象。世界各国的城市化历程，本质上是重新塑造城乡关系的一个过程。无论是发达国家的早期工业化历史，还是发展中国家的实践，以及中国计划经济时期的教训，都表明了这一规律性的现象：经济发展处于较低阶段的时候，所对应的城市化水平也较低；伴随着经济的发展，城市化进程也会加快推进。在经济发展起飞前及城市化的初级阶段，城市往往从农村汲取生产要素、获得低成本产品供给，以实现工业化积累。因此，在这一发展阶段，农村与城市的资源流动关系是单向而非双向的。由于两者不是建立在市场经济基础上的平等交换，也就没有工业对农业的支持以及城市对农村的反哺。

改革开放以来，随着社会主义市场经济体制逐步建立及完善，产品市场和生产要素市场稳步发展，市场机制在资源配置中发挥着越来越重要的作用。从发展战略的方向看，更加注重城乡关系的统筹兼顾；从政策措施的实践看，更加注重城乡关系的一体化发展。党的十九届五中全会通过的《中共中央关于制定国民经济和社会发展第十四个五年规划和二〇三五年远景目标的建议》强调，要"健全城乡融合发展机制，推动城乡要素平等交换、双向流动，增强农业农村发展活力。"一方面，以劳动力市场城乡一体化为标志的要素市场发育推动城市化进程不断演进；另一方面，新一轮技术变革方兴未艾，对劳动力市场和城乡关系的发展产生深远影响。有鉴于此，在城乡融合发展进入新阶段之际，本文将重点分析劳动力市场转变对中国城乡关系变化的影响，以及正在发生的新技术变革对城乡融合发展形成的机遇和挑战，并在此基础上讨论未来促进城乡关系进一步融合发展的政策举措。

▶ 城乡关系进入融合发展的新阶段

城乡融合发展是城乡关系发展的新阶段。这一变化的产生是经济发展水平不断提高，市场经济体制不断完善和发展战略持续作用的结果。

首先，城乡融合发展只有在经济发展达到一定阶段、城市化程度达到一定水平后才具备相应的条件。经济发展史表明，虽然各个国家工业化和城市化进程不尽相同，但在城市化初期都或多或少存在着城市偏向。只有经济发展到一定阶段，城市化达到一定水平后，工业反哺农业、城市支持乡村才成为可能，城乡之间才能实现融合发展。中国经济的发展历程也体现了这一规律。

世界银行提供的世界发展数据库（World Development Indicator，简称WDI）有关资料显示，从中华人民共和国成立至1990年，中国人均GDP一直处于低收入国家的水平，直到1998年我国才进入中等收入国家行列。2010年，中国首次成为中上收入国家，此后随着人均收入的不断上升，我国在中上收入国家中的排名不断前移。表5-1列出了不同时期、不同收入水平国家的城镇化水平及其与中国的对比，该表的最后一列显示了中国与当时所对应的收入组城镇化平均水平的差异。对比结果表明，虽然在1990年之前，中国一直处于低收入国家的行列，但在1950—1970年间，中国城镇化水平均高于同期低收入国家的平均水平。1970—1980年间，中国城镇化水平与收入水平相近国家的平均城镇化水平大致相当。此后，直至2010年中国的城镇化水平均高于相应收入组国家的平均城镇化水平。

表5-1　1950-2015年不同收入水平国家的城镇化水平（%）

年份	高收入国家	中上收入国家	中下收入国家	低收入国家	中国	差异
1950	58.5	22.1	17.2	9.3	11.8	2.5
1955	31.1	25.1	18.6	10.4	13.9	3.5
1960	63.8	28.4	19.9	11.9	16.2	4.3
1965	66.3	31.3	21.2	13.5	18.1	4.6
1970	68.7	32.3	22.6	15.7	17.1	1.4
1975	70.4	33.6	24.3	17.5	17.4	-0.1
1980	71.8	36.3	26.3	19.1	19.4	0.6

（续表）

年份	高收入国家	中上收入国家	中下收入国家	低收入国家	中国	差异
1985	73.1	39.8	28.2	20.9	22.9	2.0
1990	74.4	42.9	30.0	22.8	26.4	3.6
1995	75.7	46.4	31.6	24.3	31.0	6.7
2000	76.8	50.3	33.1	25.7	35.9	2.8
2005	78.6	55.0	35.0	27.2	42.5	7.5
2010	80.0	59.8	37.1	28.9	49.2	−10.6
2015	80.9	64.1	39.2	30.9	54.5	−9.6

资料来源：联合国经济和社会事务部人口司，https://population.un.org/wup/。

表5-1还呈现了一个现象，即虽然同属中等收入组，但是中下收入国家和中上收入国家在城镇化水平上的分化越来越明显。换言之，从世界范围看，自1950年以来，中上收入国家的城镇化逐步加快，与中下收入国家的城镇化水平差距呈现不断扩大的趋势。1950—2015年的55年中，中下收入国家的平均城镇化水平提高了22%，而同期中上收入国家提高了44%，高收入国家则提高了22.4%。因此，进入中上收入阶段往往也是城镇化加速发展的阶段。

截至2019年年末，中国以现价美元计算的人均GDP水平为10276美元，根据世界银行的收入划分标准，中国迈入中上收入水平国家行列，接近高收入国家的门槛，同期的城镇化水平达到60.6%。因此，无论是从经济发展水平还是城市化水平来看，我国都已经具备了推进城乡融合发展的基础。

其次，城乡居民收入关系也发生了显著的变化。一直以来，除城市化水平尚未达到一定规模外，阻碍城乡融合发展的一个重要因素是城乡居民的收入差距较大。改革开放之初，城镇居民人均可支配收入与农村居民人均纯收入比值为2.57，此后，城乡居民的收入差距呈现出不断扩大的趋势，一度达到2010年3.22的峰值。城乡居民收入差距的扩大显然不利于推进城乡融合发展，因此，尽管城市化水平不断提升，我国乡村发展一度出现凋敝的倾向。近年来，随着城乡一体化发展战略的不断推进和针对乡村中低收入、困难群体专项计划的实施，城乡居民的收入差距不断缩小。2019年，城乡居民人均收入比值已回落至2.64。农村居民绝对收入的增长、城乡居民收入差距的缩小和城市化水平的不断提升，为新时期城乡融合发展提供了有力的支撑。

最后，一系列针对农村地区和落后地区发展战略的实施，使城乡融合发展成为可能。城乡之间、地区之间实现区域协同发展是以经济增长的趋同理论为基础的。根据该理论，欠发达地区（或乡村）由于经济发展处于较低水平，资本积累不足，人均资本存量较低；相反，发达地区（或城市）的人均资本存量较高。根据边际效用递减规律，人均资本存量丰富的地区，新的投资所带来的边际回报率呈递减趋势，经济增长的速度较慢。因此，较之发达经济体，欠发达地区有可能会具有更快的经济增长速度。一旦较快的经济增长速度能够在较长时期内得以维持，欠发达地区就有望实现与发达地区发展水平的趋同。然而，仅仅依靠经济增长趋同的自发机制，难以确保城乡融合发展的目标在指定期限内如期完成。要在尊重市场机制的基础上，辅之以专项的区域发展战略，促进欠发达地区的加速发展。

改革开放以来，我国持续深入实施开放式扶贫攻坚计划和精准扶贫战略，决胜全面建成小康社会取得决定性成就。党的十九大报告提出乡村振兴战略，指出："农业农村农民问题是关系国计民生的根本性问题，必须始终把解决好'三农'问题作为全党工作重中之重。要坚持农业农村优先发展，按照产业兴旺、生态宜居、乡风文明、治理有效、生活富裕的总要求，建立健全城乡融合发展体制机制和政策体系，加快推进农业农村现代化。"实施这一战略与推进新型城镇化既不是对立的关系，也并非在侧重点上有所不同，而是实现城乡融合发展的重要部署。这一战略的实施旨在避免一些地区单一注重城镇化而忽视乡村发展，导致农业萎缩、农村凋敝和农民生活改善滞后于经济发展的不利后果。习近平总书记强调，"城镇化进程中农村也不能衰落，要相得益彰、相辅相成"。"任何时候都不能忽视农业、不能忘记农民、不能淡漠农村"。这也是推进城乡融合发展的要义所在。

▶ 刘易斯拐点是城乡融合发展的开始

《中共中央关于制定国民经济和社会发展第十四个五年规划和二〇三五年远景目标的建议》提出了全面推进乡村振兴的战略目标，指出要"强化以工补农、以城带乡，推动形成工农互促、城乡互补、协调发展、共同繁荣的新型工农城乡关系"。推进城乡融合发展，要加强城乡之间要素的双向、合理流动。只有推进城乡要素市场一体化，才能确保城乡融合发展的可持续性。劳动力市场是要素市场最重要的组成部分，劳动力市场的城乡一体化是促进城乡融合发展的基础动力。在二元经济时代，城乡之间的劳动力市场处于分割状态，大量的剩余劳动力集聚在农村，劳动生产率处于较低水平。在这种情况下，城乡融合发展并不具备客观条件。

中国劳动力市场达到刘易斯拐点既是二元经济走向终结的重要标志，也是城乡融合发展的开始。经过改革开放以来持续的高速经济增长，非农产业和城市经济实现了迅速扩张，也产生了越来越多的就业岗位，为大规模吸纳农村劳动力创造了有利的条件。劳动力市场跨越刘易斯拐点的重要标志是普通劳动力的稀缺性开始显现，劳动力不再处于无限供给的状态，劳动力市场的供求关系（而非制度工资）对工资产生了更为明显的影响（蔡昉，2010）。在劳动力市场跨越刘易斯拐点后，普通工人的工资开始迅速上涨。以农民工的工资为例，2003—2018年，农民工实际工资年均复合增长率达到了8.8%。在农民工工资增长最快的时期，其年均增长速度甚至高于同期的经济增长速度。随着农民工工资水平的上涨，外出农民工的工资与农村中农业雇工的工资逐渐趋同，城乡融合、协同发展的局面也开始显现。

劳动力市场跨越刘易斯拐点，不仅标志着劳动力市场发育程度的提高，也有利于进一步推进以城带乡的城乡融合发展。农民工工资的快速上扬推动了城市到乡村资金流动的加剧，有利于缓解农村地区由于资金不足导致的投资和消费不足。城乡之间的劳动力流动促进了信息和技术从城市向农村流动，成为促进城乡融合发展必不可少的因素。农村劳动力在非农部门就业不仅是积累收入的过程，也是积累人力资本的过程。他们在成长为技能人才以后返乡创业，会助推农村地区就业规模的扩大、经济发展水平的提升，成为农村地区人才培养的重要来源。

劳动力市场的转变是新技术变革的重要诱因。随着普通工人工资的不断上涨，在生产要素的配置过程中，资本、技术和劳动的相对价格关系也随之发生变化。劳动力的稀缺通过工资上涨不断得到反映，企业则会更倾向于使用劳动节约型技术。资本化技术对劳动的逐渐替代也会不断推进技术的变革。此外，劳动力市场转变带来的普通劳动力收入的迅速增长成为农村地区居民收入增长的主要途径。从新技术的扩散看，收入的增长是扩大新技术需求的重要条件，只有收入持续增长，新的技术（特别是与消费者相关的技术）才能在农村地区得到普及。

▶ 新技术变革带来的机遇和挑战

经济发展进入新阶段，新技术变革不仅成为引领经济持续发展的重要力量，也是推动经济结构调整的主要动力。近年来，新技术在社会经济各个领域、各个部门的应用呈现爆发式增长。例如，制造业的自动化程度大幅提升，工业机器人密度大幅增加；互联网技术与第三产业的多个行业深度融合，推动了现金支付业务、平台经济、现代物流业等爆发式增长，成为新增就业的重要来源和城乡经济融合发展的重要力量；得益于算法及算力的大幅提升、大数据的迅速普及以及无线通信技术的快速发展，人工智能可能在未来与城乡经济实现深度融合。新技术变革给城乡融合发展带来了新的机遇，要根据新一轮技术变革的属性，使其成为城乡融合发展的推动力，并积极应对新技术应用可能给城乡融合发展带来的挑战。

新一轮技术革命具有较强的劳动替代属性。从这一轮新技术革命的特点看，其对劳动的替代性要强于互补性，产生的就业拉动效应不容忽视。从经济发展的历程看，技术进步的不断演进是一个连续变量，近年来劳动替代性技术的加速发展是资本和劳动两种生产要素相对价格不断变化的结果。在劳动力市场跨越刘易斯拐点后，中国的劳动力成本迅速上升，且增长速度在世界主要经济体中居于前列。在这种情况下，制造业要在全球化竞争中保持优势，必然要以劳动节约型技术替代劳动投入，节约生产成本，提升经济效率。以制造业为例，图 5-1 展示了使用工业机器人在部分制造业行业产生的就业效应。该图的横轴是 2013 年工业机器人的密度（对数），纵轴是 2013—2018 年就业情况（对数）的变化，图中的每一点代表了一个行业。如图 5-1 所示，在初始阶段使用工业机器人程度更高的行业，随后就业的下滑也更为显著。由于目前制造业机器人的密度较 2013 年已有了大幅提升，所涉及的行业也更加普遍，我们有理由相信这种技术替代劳动的模式仍将延续，并在更大程度上发挥作用。

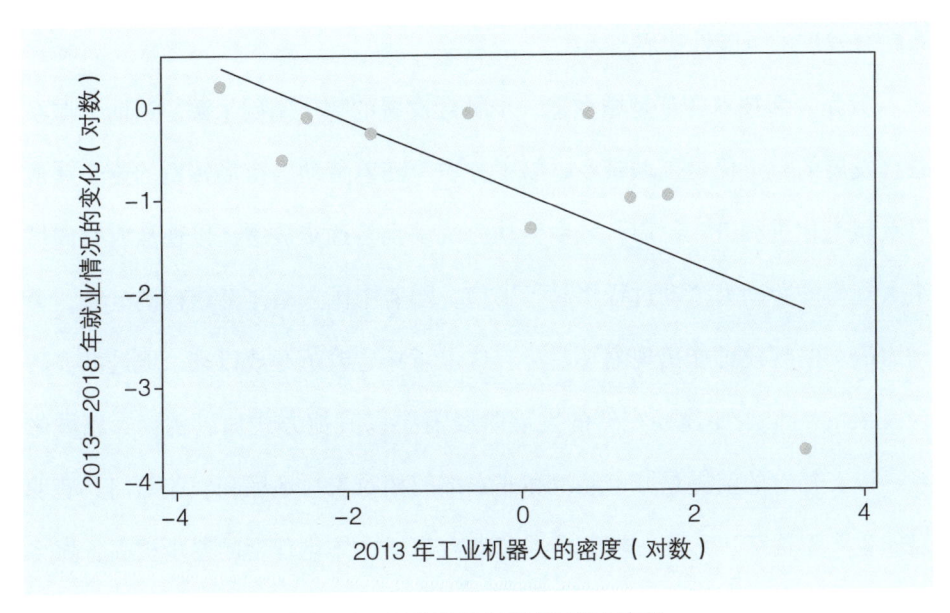

图 5-1 工业机器人密度与就业变化

资料来源：各行业就业数据来源于国家统计局《全国经济普查公报》，工业机器人数据来源为国际机器人联合会（IFR）。

新一轮技术变革的另外一个特点是新技术创新在部分行业达到一定规模后，其边际成本急剧下降，渐趋于零。软件业、互联网平台等都具有这样的特点：应用软件增加新的用户或在平台上增加新的零售企业，对于提供软件或平台的企业而言其边际成本微乎其微。由于边际成本低廉，从产业组织的角度看，先行进入的企业较易形成自然垄断。从城乡融合发展的角度看，其将触角延伸至乡村的成本较传统行业也更低，有利于推动城乡的融合发展。

新技术变革为城乡融合发展提供新的机遇。从经济发展和城市化演进的历史看，技术变革历来是推动城市化进程和改变城乡关系的重要动力。以技术进步为特征的工业革命使得人类历史第一次开启了快速的城市化进程（Frey, 2019）。同样，新一轮技术变革也从以下几个方面拓展了中国城乡关系融合发展的可能性边界。

首先，新技术变革是城乡进一步融合发展的物质基础来源。当前，城乡融合发展的重点仍是以城带乡、以工补农。随着劳动力市场转型的逐步完成以及城市化进程进入尾声，城乡劳动力流动也将逐步放缓。以往从农村向城市大规模的劳动力流动过程将趋于平稳，随着中国人口年龄结构的老化，劳动力流动的规模可能出现缩小趋势。这也意味着改革开放以来，促进城乡融合发展的一个重要途径在新的发展阶段需要以其他方式加以替代。以城带乡、以工补农的前提是城市经济和非农部门相对农村地区和农业部门具有明显的生产率优势。然而，随着城乡劳动力市场一体化程度的逐步提高，城乡间劳动生产率和工资趋同的趋势日益明显，这意味着通过劳动力流动促进生产效率提升的空间越来越小。要保持生产率的持续增长，只能借助新一轮技术变革带来的优势。发达国家的经验表明，新技术变革不仅是生产率增长的原始动力，也是重塑城乡经济关系的重要原因（Gordon，2017）。因此，新技术变革推动的生产率增长将成为中国城乡融合发展的重要动力。

其次，新技术变革为农村地区的迅速发展和缩小城乡差距提供了新的可能。城乡融合发展的一个重要基础是城乡之间在产业发展上实现协同。改革开放以来，农村地区的非农经济实现了跨越式发展，但农业始终是农村地区稳定发展最重要的支柱。从产业发展规律看，农业劳动生产率的提升往往非常困难。在新技术革命的背景下，通过对传统农业的改造，提升农业的劳动生产率将成为一条可行之路。当前，农业产业的数字化已经成为推动乡村加速发展，实现城乡融合的重要手段。云计算、大数据、物联网、人工智能等新技术与传统农业的技术融合，可以促进种植业、畜牧业、渔业等农业各领域实现更高质量的发展，通过大幅度提高农业劳动的增加值，提升农业的全要素生产率和劳动生产率。全要素生产率推动劳动生产率提升，同样是新发展阶段农村地区实现可持续发展的重要保障。

最后，技术变革对推动乡村发展和实现城乡融合起到了积极的助推作用。在新一轮技术变革中，信息技术发挥了主导作用，"信息高速公路"的建设对于弥合农村地区和欠发达地区的数字鸿沟产生了决定性的影响。如果说道路、电力等乡村基础设施建设在全面建设小康社会中发挥了基础性作用，那么，"信息高速公路"的建设对于未来农村地区的可持续发展和城乡融合发展则起着至关重要的作用。得益于政府对农村地区信息化基础设施的投资，农村互联网应用快速发展，2020年全国行政村通宽带比例达到98%，农村宽带接入用户数达到1.39亿户，比2019年年末净增488万户，且保持着同比8%的增长速率。"信息高速公路"建设为现代物流业在农村地区的发展打下了基础，截至2020年上半年，全国乡镇快递网点覆盖率已超过97%，设有邮政电商服务站点的建制村达到24.5万个，覆盖率为44.8%。新技术变革推动了农村地区互联网零售业的快速发展，2015年全国农村网络零售额为0.4万亿元，2019年达到1.7万亿元（中央网信办信息化发展局、农业农村部市场与信息化司，2020）。新技术变革为落后的乡村地区实现跨越式发展提供了高速通道和便捷渠道，使乡村真正实现了"小农户"与"大市场"的结合。得益于"信息高速公路"，偏远落后的乡村地区也能够将农产品销往全国乃至全球。

积极应对新技术变革对城乡融合发展的挑战。新技术变革对社会经济发展的影响是一把双刃剑，对于城乡融合发展也是如此。要充分利用新技术变革的积极因素，规避其可能产生的不利影响。从目前的情况看，新技术变革时代城乡融合发展可能面临的挑战来自以下几个方面：

首先，新技术变革有可能对劳动力市场造成冲击，农民工群体最有可能受到影响。新一轮技术变革给劳动力市场带来的冲击在不同群体之间产生的影响具有差异性，从事不同类型工作的劳动者受到新一轮科技革命的影响也不尽相同。通常情况下，按照既定设计方案执行的程序化例行任务较易被自动化的机器所替代；反之，具有不确定性、需要即时提出方案或处理决策的非常规型任务被替代的可能性则较小。简而言之，自动化、人工智能等劳动替代型技术进步首先冲击的是从事重复、规律性劳动的劳动者。

发达国家相关经验表明，自动化对从事常规性劳动的替代集中于中等收入群体，这在一定程度上导致了劳动力市场的就业增长呈现两极化的态势：提供面对面服务的生活性服务业岗位和从事创造性劳动的岗位数量在不断增加，但处于中间收入水平的岗位数量将不断减少（Autor, et.al, 2003）。尽管我国劳动替代技术的广泛应用较发达国家有所滞后，但就当前发展趋势推演可知，未来一段时期将是新一轮科技革命对劳动力市场产生冲击效应集中显现的时期。

当然，新技术在经济领域的广泛应用也会产生新的就业岗位。例如，电商和现代物流业的发展推动了快递业务的迅速增长，为众多农民工提供了就业机会；平台经济催生了网络主播及其附属的一系列新职业。技术变革时期，新增就业的主要来源往往是新兴职业，年轻、受教育程度高且能够迅速适应技术变化的劳动者将成为受益者，而被新技术所替代的、传统就业岗位的失业者往往与此无缘。因此，新技术变革期虽并不必然导致就业岗位总量的减少，却一定会导致结构性失业的增加。从目前情况看，农民工群体就业的岗位特征与机器可替代性的任务有更高的重合性，很有可能成为劳动力市场受到冲击的受害者，而这一群体就业情况的波动将给城乡融合发展带来负面影响。

其次，新技术变革有可能造成地区发展差距的扩大，不利于城乡融合发展。如前所述，以数字技术为代表的新技术变革往往具有边际成本骤减的特征，这与新古典经济学所描绘的传统技术应用有着显著的不同。近年来，区域经济增长的分流在一些国家又开始出现，这意味着新技术革命对于区域经济关系的影响有别于传统技术（Moretti，2012）。发达国家区域经济的分化是伴随新技术革命的演进出现的，这一现象对于行将迈入高收入阶段的国家具有警示意义。同时，伴随着技术的加速发展，发达国家劳动力市场就业结构极化现象（Polarization）越来越明显。如前所述，不断减少的"中间"岗位大多数具有较强的替代性，尤其是在自动化技术不断发展的情况下，将很可能被机器所替代。劳动力市场的极化与区域经济发展互为因果，产业空心化和"铁锈地带"在一些后工业化国家出现，与此不无关联。因此，我们一方面要尽量避免新技术发展带来的新的区域发展分化，尤其是城乡之间发展差距的扩大；另一方面要尽量避免劳动力市场极化对城乡经济协同发展产生的不利影响。

▶ 在新形势下促进城乡融合发展

新技术变革方兴未艾，既是经济发展规律使然，也是社会进步的重要体现。在新的发展阶段，要充分拥抱新技术革命，规避其可能产生的不利影响，从以下几个方面完善政策、着力推进。

首先，弥合数字鸿沟，将"新基建"延伸至农村地区。在信息时代，基础设施建设具有巨大的正外部效应，低廉、便捷、迅速的互联网接入服务可以让偏远地区的农村居民跨越数字鸿沟，分享新技术变革的成果。然而，由于新基建前期的收益率低、投资规模巨大，难以通过市场机制解决。因此，在农村地区的信息化建设过程中，政府要发挥主导作用。当前，中国农村地区信息高速公路建设已经取得了跨越式发展，和其他与中国发展阶段相近的经济体相比处于领先的水平。但也要看到，当前农村地区的信息基础设施水平与发达国家尚存在一定的差距。例如，英国所有的农场均有互联网接入；加拿大农村地区的居民都能够享受廉价的宽带网络无线服务；日本持续推进农村地区的信息基础设施建设，2019年农村计算机网络化普及率达到91%等。因此，在新的发展阶段，中国要持续推进新基建投资向农村地区延伸，让农村居民参与并受益于数字经济，为新时代的城乡融合发展创造基础条件。

其次，以技术创新推进产业升级，促进城乡融合发展。改革开放以来，乡村工业化和农村地区非农产业的发展曾是推动农村地区发展的重要力量，农业不仅是国民经济稳定的重要基础，也是城乡融合发展的基石。在新技术革命来临之际，无论是农村非农产业还是农业各部门都要经历新技术变革的改造。只有将数字经济等新技术与农村的非农产业充分结合，才能使其继续保持竞争力。其中，农业产业的数字化将是人口老龄化时代保持农业生产力持续增长的重要路径。

最后，继续加大改革力度，推进劳动力市场城乡一体化。新技术变革对劳动力市场的冲击具有不确定性，结构性失业者在不同人群之间的分布可能并不均衡。在这种情况下，要通过促进城乡劳动力市场的一体化，减缓就业波动对农村地区发展带来的影响。相比于农村地区，城市由于具有产业分布集中、规模效应明显、劳动力市场信息流动充分的优势，在就业创造中发挥着主导作用。城市经济发展不仅能够吸引新的产业、创造更多的就业岗位，其人口规模增加本身就会产生岗位、创造效应，因而抵御失业风险的能力也更强。实现城乡融合发展，要摒弃以往城乡分割的做法，把农村和农业作为失业劳动力的蓄水池。同时，进一步深化改革，消除劳动力等生产要素流动的制度性障碍，真正实现资金、劳动力等生产要素在城乡之间的自由流动。

中国社会科学院人口与劳动经济研究所博士后张翕对本文亦有贡献。

参考文献

［1］Autor, Levy, Murnane. The Skill Content of Recent Technological Change: An Empirical Exploration[J].The Quarterly Journal of Economics,2003,118(4):1279–1333.

［2］Frey. The Technology Trap: Capital, Labor, and Power in the Age of Automation [M].Princeton: Princeton University Press,2019.

［3］Gordon. The Rise and Fall of American Growth: The U.S. Standard of Living since the Civil War[M].Princeton:Princeton University Press,2017.

［4］Moretti. The New Geography of Jobs[M].New York: Houghton Mifflin Harcourt Publishing Company,2012.

［5］蔡昉.人口转变、人口红利与刘易斯转折点[J].经济研究,2010(04).

［6］蔡昉,都阳,杨开忠,等.新中国城镇化发展七十年[M].北京：人民出版社,2019.

［7］中央网信办信息化发展局,农业农村部市场与信息化司.中国数字乡村发展报告（2020）[R/OL].http://www.moa.gov.cn/xw/zwdt/202011/P020201129305930462590.pdf.

城乡融合视域中的城乡基本公共服务供给与创新

高洪波

对外经济贸易大学深圳研究院研究员

改革开放 40 余年,我国经济发展实现了巨大飞跃,财政收入逐年增长,财政事业取得长足进步。但在这个过程中,一段时期以来由于我国过度强调经济增长速度,选择偏重经济效率的发展模式,人民日益增长的美好生活需要和不平衡不充分发展之间的矛盾日益凸显。中央和地方政府逐渐意识到过度强调"效率"而忽视公共服务不利于全面、长期增进国民福祉。在城乡结构层面,解决城乡之间基本公共服务供给不均等、不平衡问题,成为党和国家高度重视的一项基本任务,中央及地方政府相继制定和出台多项相关政策及改革措施以推动城乡基本公共服务均等化发展。党的十九届五中全会描绘 2035 年我国基本实现社会主义现代化远景目标时提出"基本公共服务实现均等化，城乡区域发展差距和居民生活水平差距显著缩小"[①]的发展目标，为新阶段城乡融合发展指明了方向。

新技术变革是人类社会现代化水平持续提升的重要驱动力。近20年以来，互联网、大数据、人工智能、5G技术、云计算、区块链等新技术不断向经济领域渗透并逐渐全面应用，给各国生产服务模式、商业与贸易模式、人们生活及社会交往模式等带来极大冲击，也使得各国经济现代化水平大幅提升。同时，新技术变革促使与人们日益增长的基本公共服务需求密切相关的服务数量、服务内容、服务品质、服务模式等发生深刻变化。当前我国城乡基本公共服务的巨大差异已经成为城乡融合发展的巨大挑战，顺应技术变革浪潮并以新技术为重要手段助推、深化基本公共服务供给侧改革，实现城乡基本公共服务均等化、标准化、普惠化发展愈发具有现实紧迫性。有鉴于此，本文以新技术变革为背景，依次探讨我国城乡基本公共服务融合之于城乡融合发展的价值、城乡基本公共服务供给差异及其对城乡融合发展的巨大挑战、新技术变革对城乡基本公共服务供给的影响机制以及城乡基本公共服务供给模式如何适应新技术变革与发展等重要问题。

基本公共服务融合是城乡融合发展的重要内容

城乡融合发展的逻辑起点在于城乡二元结构的客观存在，而传统城市与乡村在经济功能上的差异化则是城乡二元结构不断深化的主要根源。长期以

[①] 中国共产党第十九届中央委员会第五次全体会议公报[R/OL].（2020-10-29）. http://www.xinhuanet.com/2020-10/29/c_1126674147.htm.

来，城市承担了社会经济发展环节中集中性商业与贸易、大规模工业生产等功能，乡村的主要经济功能是农业生产，除此之外仅承载少量分散性商品交易。这种经济功能的历史性累进分化，造成长期以来社会经济与文化发展的大部分必要资源不断向城市集中，城市发展不断挤压乡村空间，以致出现城市扩张与乡村衰退同步演进的情形。然而事实上，城市与乡村是相互依存的有机体、共同体，城市是引领、辐射和带动乡村发展的发动机，乡村则是支撑城市发展的重要依托和土壤，二者之间的互补、互促、互利和互融是这一生命共同体高质量发展的基础（魏后凯，2020）。以乡村衰退为条件的城市扩张是不可持续的，城乡基本公共服务供给水平的差异不断扩大也与中国特色社会主义基本发展理念相背离。"共生共荣""共享共建""互补互促""互利互融"将是新时期我国城乡融合发展的必经之路，这使得城乡融合发展在技术与制度的双重变革下被赋予了新的发展内涵与外延。

究其内涵，新时期的城乡融合发展是可持续发展、整体发展与公平发展的有机统一。首先，新时期的城乡融合发展具有丰富的可持续发展内涵。可持续发展的核心在于发展的可持续，必须既能满足当代人类发展的需求，又不牺牲对后续周期、后代人类发展需求的满足；既能促进经济生活的良性运行，又不造成各类社会关系的撕裂或生态环境的退化与破坏。新时期的城乡融合发展是经济发展之可持续、生态发展之可持续和社会发展之可持续的多维互构，侧重科技创新在其中的引领作用，力求城乡运用科学技术发展经济的能力和水平趋向一致，通过注入科技要素缩小城乡发展差距，进而提高经济社会的发展质量和发展效率，是一条由动力变革转向质量变革、效率变革的新路径。其次，新时期的城乡融合发展具有深刻的整体发展内涵。城乡融合发展的整体性价值关键在于坚持城乡关系的不可分割性、统一性和相互协调性，不断消除城乡之间各种体制机制壁垒，促使更多资金、人才、技术、信息、土地及其他要素在城乡之间自由流通、双向流通、高效流通。此外，融合发展也将加速城乡空间的交互发展，城市空间加快向乡村延伸，乡村与城市更加接近，城乡之间的地理和生态关联度不断得到强化。最后，新时期的城乡融合发展具有鲜明的公平发展内涵。社会体系中不同结构和功能的社会要素在同一场域中长时段交互运行，往往会导致一定程度的结构与功能失衡，这种失衡最终将成为阻碍整个社会场域和谐运转的桎梏（丁宁，2019）。城乡二元格局的形成在一定程度上正是这种结构与功能失衡的表征，乡村一再成为输出端或提供者，城市不断成为输入端或掠夺者。与城市发展主体相比，乡村发展主体在教育、就业、医疗、文化、养老与社会保障等一系列经济社会福利的获得中往往处于不利地位。城乡融合的公平性发展实质上遵循将城市社会与乡村社会不平衡的结构与功能逐渐调整至平衡的价值性原则取向。

探其外延，新时期城乡融合发展是产业融合、制度融合、基础设施建设融合、生态融合以及基本公共服务融合等多重维度的总融合。在产业融合上，城乡产业融合的关键在于提高产业要素回报率，而城乡第一、第二、第三产业能否实现高质量融合的关键在于能否实现城乡各个产业片段在对应产业链上的高效配置。在制度融合上，要健全农业转移人口市民化机制，建立城市人才入乡激励机制，改革完善农村土地承包制度和农村宅基地制度，建立集体经营性建设用地入市制度，健全财政投入保障机制，完善乡村金融服务体系，建立工商资本入乡促进机制，建立科技成果入乡转化机制。[①]在基

[①] 中共中央 国务院关于建立健全城乡融合发展体制机制和政策体系的意见（2019年4月15日）[R/OL].（2019-05-05）.http://www.gov.cn/zhengce/2019-05/05/content_5388880.htm.

础设施建设融合上，在一定范围内推进城乡两端交通道路、水电管线、信息设施、广播电视设施、防灾设施、环保设施等各类基础设施的互融性、协同性一体化规划、建设与管护。在生态融合上，以城乡利益共生为核心，构建城乡融合的生态发展体系和城乡生态共享格局，将城乡生态作为一个整体空间进行科学规划，高效配置区域内河流、森林、植被、野生动物、矿产等各类生态资源，形成城乡生态共同治理的制度体系。在基本公共服务的融合上，建立健全城乡基本教育一体化、乡村医疗卫生服务体系、城乡公共文化服务体系、城乡统一社会保险制度、城乡社会救助体系等一整套、一揽子完备的基本公共服务均等化制度安排。

基本公共服务融合作为新时期城乡融合发展的重要内容，在技术革新与制度革新的两重作用下，其本质具有深刻的创新发展理念和共享发展理念价值内涵。创新是城乡融合发展的第一动力，也是促进基本公共服务城乡融合的最重要动能。首先，具体领域的基本公共服务或公共产品对于科技创新具有天然的依赖，包括教育公共服务、医疗健康公共服务、就业保障公共服务、养老公共服务、文化公共服务等若干基本公共服务类型，其服务需求、产品形态和供给模式都会随着科技创新以及由科技创新带来的经济社会进步而不断创新发展。例如，互联网技术创新为基础教育服务的深度信息化提供了新的发展空间；人工智能技术的突破助推了公共卫生应急服务的数字化与智慧化应用；5G 技术搭配 AR/VR 的综合应用使人们坐在家中就能畅游故宫博物院等。其次，实现基本公共服务的城乡均等化过程在一定意义上是管理制度的集成创新过程。基本公共服务均等化必然是包括公共财政制度、政府和社会资本合作制度、教育制度、医疗与健康制度等在内的多种制度集成创新、共同推进的产物。共享是基本公共服务城乡融合的本质要求和关键诉求，推进城乡基本公共服务均等化就是要打破当前城乡不同主体间公共服务供给标准不一、普惠不足、品质不等的困境，真正实现基本公共服务在城乡的共享发展。基本公共服务均等化所蕴含的城乡居民在基本公共服务获得上的机会均等、权利均等、能力均等、结果均等等哲学指向，本质上是对全体人民共同享受改革发展成果理念的呼应，是人民立场和人民群众主体性价值取向的统一。实现城乡基本公共服务均等化、标准化、普惠化和便利化，有助于创新发展理念和共享发展理念在合规律性与合目的性上的辩证统一。

▶ 城乡基本公共服务的不平衡发展是城乡融合的巨大挑战

虽然经过近 20 年的不懈努力，我国部分领域的城乡基本公共服务差距逐步缩小，但是长期以来，我国总体城乡基本公共服务供给水平仍存在较大差距。着眼于全面建设社会主义现代化国家的远景目标，经济社会发展中的沉疴积弊必须拔除，痛点堵点必须疏浚，因此，有必要充分认识和积极应对城乡基本公共服务供给水平的巨大差异及其对我国新时期城乡融合发展造成的巨大挑战。通过梳理和汇总相关领域的历史数据，可以明确城乡基本公共服务供给水平既存在量的差距，又存在质的鸿沟。

在教育基本公共服务方面，城乡教育基本公共服务资源配置仍然呈现不均衡发展状态。以生均教育经费为例，在小学、初中和高中三个阶段，我国城镇学生与农村学生教育经费生均支出的差距在不断缩小（见表 5-2），但差距缩小的幅度相对于加快推进基本公共服务均等化进程而言还远远不够（以小学和高中两个阶段为甚）。从小学阶段看，2009 年我国城镇小学生均教育经费支出为 18773.80 元，农村小学生均教育经费支出为 3994.06 元，城乡比约为 4.7：1；2016 年，城镇相应支出上升至 27040.52 元，农村上升至 20312.58 元，城乡比缩小至 1.33：1。从初中阶段看，2009 年我国城镇初中生均教育经费支出为 21908.76 元，农村初中生均教育经费支出为 7338.28 元，城乡比约为 2.99：1；2016 年，我国城镇相应支出上升至 53472.22 元，农村上升至 49738.34 元，城乡比缩小至 1.08：1。从高中阶段看，2009 年我国城镇高中生均教育经费支出为 10099.15 元，农村相应支出为 7084.81 元，城乡比约为 1.43：1；2016 年，城镇相应支出上升至 24227.04 元，农村上升至 15663.05 元，城乡比缩小至约 1.55：1。可见，这些年我国不同教育阶段城乡生均教育经费支出总体呈逐年增加态势，且农村增速更快，城乡比不断减小，但城乡之间仍有较大差距。

表 5-2　2009—2016 年不同教育阶段我国城乡生均教育经费支出对比　（单位：元）

年份	小学生均教育经费支出		初中生均教育经费支出		高中生均教育经费支出	
	城镇	农村	城镇	农村	城镇	农村
2009	18773.80	3994.06	21908.76	7338.28	10099.15	7084.81
2010	26571.94	5798.51	50297.25	10631.83	22426.71	16041.62
2011	18309.06	7760.56	22573.39	17005.49	12691.99	118809.18
2012	21693.77	10585.62	3953.62	23324.05	16313.72	30982.08
2013	25115.33	14427.05	46215.68	33135.69	34513.06	32751.61
2014	27509.08	17758.49	512110.38	41766.296	42672.56	41882.09

（续表）

年份	小学生均教育经费支出		初中生均教育经费支出		高中生均教育经费支出	
	城镇	农村	城镇	农村	城镇	农村
2015	24093.58	18612.76	47453.54	45867.34	21043.19	13982.69
2016	27040.52	20312.58	53475.22	49738.34	24227.04	15663.05

数据来源：《中国教育经费统计年鉴》，2010—2017 年，教育部发展规划司。

在医疗服务资源方面，2014—2018 年间我国城乡基本医疗服务资源配置存在显著差距（见表 5-3 和表 5-4），主要包括：第一，农村每千人医疗机构床位数明显低于城镇，不同年份的农村每千人床位数和城镇每千人床位数之差为 4.25～4.56 张；第二，农村每千人医疗卫生服务人员数量明显低于城镇，其中尤以卫生技术人员数量差距为大。不同年份的农村与城镇每千人卫生技术人员数量差额为 5.93～6.75 人；每千人执业医师人数差额为 2.03～2.31 人；每千人注册护士人数差额为 2.99～3.42 人。

表 5-3　2014—2018 年我国城乡医疗卫生机构床位数对比　（单位：张）

年份	医疗机构床位数		每千人医疗机构床位数	
	城镇	农村	城镇	农村
2014	3169880	3431334	7.84	3.54
2015	3418194	3597020	8.27	3.71

（续表）

年份	医疗机构床位数		每千人医疗机构床位数	
	城镇	农村	城镇	农村
2016	3654956	3755497	8.41	3.91
2017	3922024	4018228	8.75	4.19
2018	4141427	4262261	8.7	4.45

数据来源：《中国统计年鉴》，2015—2019 年，国家统计局。

表 5-4 2014—2018 年我国城乡医疗卫生机构专业技术人员对比 （单位：人）

年份	每千人卫生技术人员		每千人执业医师		每千人注册护士	
	城镇	农村	城镇	农村	城镇	农村
2014	9.7	3.77	3.54	1.51	4.3	1.31
2015	10.21	3.9	3.72	1.55	4.58	1.39
2016	10.79	4.04	3.92	1.61	4.91	1.49
2017	10.87	4.28	3.97	1.68	5.01	1.62
2018	10.91	4.63	4.01	1.82	5.08	1.8

数据来源：《中国卫生健康统计年鉴》，2015—2019 年，国家卫生健康委员会。

在养老服务机构方面，我国城镇与农村养老服务机构在规模结构与人员质量上均存在一定差距，笔者对《中国民政统计年鉴2018》（民政部编制）中2017年年末我国城镇和农村养老机构的基本情况进行对比，发现其主要差距集中在两个方面：一是城镇养老机构的规模结构优于农村。2007年农村床位数少于100张的养老机构占养老机构总数的52.55%，床位数在100～299张的养老机构所占比例为42.08%，床位数在300～499张的养老机构所占比例为4.03%，床位数在500张以上的养老机构仅约占总数的1.35%，而城镇相应的比例分别为49.22%、38.73%、7.70%、4.35%。可见，农村小规模养老机构更多，城市与之相比大规模养老机构更多。二是城镇养老机构的从业人员素质更高，无论是受教育程度还是职业资格水平都远远高于农村养老机构。2017年年末城镇养老机构中本科以上职工人数为12865人，农村相应人数仅为4259人，不到城镇的三分之一；同时期城镇养老机构中具有社会工作师以及助理社会工作师职业资格的人数总和为3767人，而农村相应人数仅为1997人，刚过前者的一半。[①]

在城乡就业基本情况方面，《2019年度人力资源和社会保障事业发展统计公报》显示，2019年年末我国就业人员总数达到77471万人，其中城镇就业人员有44247万人。全国就业人员中，第一产业就业人员占25.1%，第二产业就业人员占27.5%，第三产业就业人员占47.4%（见图5-2）。可见，第一产业作为农村地区的传统基础产业，其就业吸纳能力在不断下降，这意味着农民离开农村进城务工的体量不断加大。该公报还显示，2019年全国农民

---

① 相关数据参见中华人民共和国民政部编制的《中国民政统计年鉴2018》（2019年由中国社会出版社出版）中的《中国2017年农村养老机构统计（一）》和《中国2017年城市养老机构统计（一）》两个表格。

工总量为29077万人，其中本地农民工有11652万人，比2018年增加了82万人，增长了0.7%；外出农民工有17425万人，比2018年增加了159万人，增长了0.9%，农民工的增加使得农村就业服务压力也在持续增大。

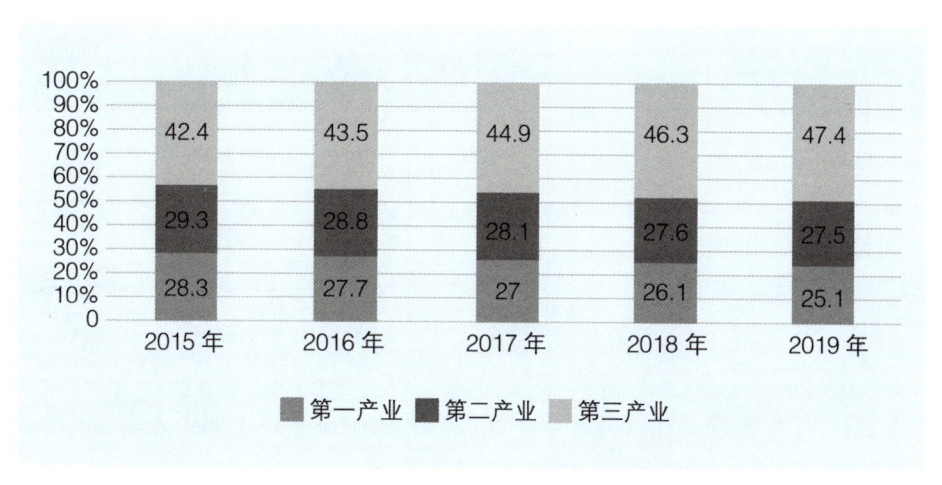

图 5-2　2015—2019 年我国就业人员产业构成情况（单位：%）

数据来源：《2019 年度人力资源和社会保障事业发展统计公报》。

除上述基本公共服务外，我国城乡居民在社会保险、公共文化服务、社会救济和应急管理服务等领域也普遍存在巨大差距。例如，农村居民社会保险参保比例和保障标准均长期低于城市居民（见表 5-5），加之贫困地区农村人口缺乏相关农业技术、信息能力和资金扶持等，农村居民更易积贫返贫。又如，农村地区文化和体育公共设施虽已得到较大改善，但相较于城市，其设施投放较为分散且质量欠佳，加之缺乏稳定的维护人员和设施管护机制，造成农村地区文化和体育设施使用寿命短、一旦损坏便难以补充和修理等问题。此外，农村地区社会救济和应急管理服务也大大落后于城市，农村在管理机制、信息化流程、服务经费和服务人员甚至最基本的应急管理服务意识等方面都极为欠缺。

表 5-5 2013—2017 年我国城乡低保标准与补助水平对比 （单位：元/人月）

年份	低保平均标准			低保平均补助水平		
	城市	农村	城市:农村	城市	农村	城市:农村
2013	373.30	202.83	1.84	264.20	116.13	2.28
2014	410.50	231.38	1.77	285.60	129.36	2.21
2015	451.10	264.80	1.70	316.60	147.21	2.15
2016	494.60	312.00	1.59	333.40	170.80	1.95
2017	534.20	358.40	1.49	362.30	195.48	1.85

数据来源：国家统计局，Wind 数据库。

应对当前城乡基本公共服务领域存在的各种问题，有必要不断推进基本公共服务城乡均等化发展，为城乡人才的双向流动消除后顾之忧，为城市资金向农村流动营造优良的营商环境，畅通城乡产业链的内部融合和跨链融合，让城乡制度融合和制度对接步履坚实，为城乡空间互补和生态互补提供民生保障。城乡基本公共服务供给短板的补齐事关城乡融合发展的全局。与此同时，把握新发展阶段特征，顺应新发展格局，摸清技术创新之于城乡基本公共服务供给的影响机制，对于乘势而上开启高水平现代化建设新征程多有裨益。

新技术作用于城乡基本公共服务供给的影响机制

新技术是一种面向未来、改变未来，总是沿着人类社会进步轨迹伸展的核心张力，新技术基于技术但不囿于纯粹技术，种种前所未有的或者不断改进的新材料、新能源、新工艺、新模式、新场景、新应用等都是它的外在形态。当人们谈论新技术时，新技术其实已经超出人们所认识、理解和表述的范畴。只有以实践的视角去剖析新技术的本质，把握新技术与基本公共服务之间的关系，才能让新技术始终在人的思想界限以内创造性地运动，进而使新技术对基本公共服务的影响沿着基本公共服务体系所设计的终极目标发展前进。总之，新技术的工具性价值与基本公共服务的目的性价值，从马克思主义实践论的角度理解是对象性与主体性的高度统一。与此同时，在实践论的指导下，深入考察新技术对于城乡基本公共服务供给的深刻影响，还必须以新技术实践场景中的应用情况加以佐证。

新技术对于城乡基本公共服务供给的影响机制，即催生新的内容、消除旧的壁障与促进主体改革的共同推进。

新技术催生新的基本公共服务要素，即新技术带来了基本公共服务领域的新消费、新产品、新动力。这是一个经济学的基本理论逻辑，即需求与市场的逻辑。基本公共服务源于对人们特定领域需求的满足，即满足人们具有公共性的且最基本的有关健康、教育、就业、文化、社会保障等方面的需求。基本公共服务是公共产品，公共产品必然产生公共产品市场，这个市场连接着供给端和消费端，构成简化的基本公共服务市场体系。新技术之于基本公共服务市场体系的影响主要集中在三个方面：第一，新技术发展了消费者对基本公共服务的新需求。依据马斯洛需求理论，"基本"公共服务本身是一个可以发展的动态性"基本"的量，曾经遥不可及的发展性需求、高层次需求将不断演变为基本公共服务需求，此过程中技术创新起到关键作用。新技术促进公共服务需求在服务数量、服务内容、服务质量、服务品质等方面不断提升。第二，新技术创造了新的工具、工艺、材料、能源等生产要素，为公共产品新形态及其产品化创造了现实基础。把"敢想的东西"做成"现实的东西"是新技术在基本公共服务领域的重大贡献。第三，新技术为基本公共服务供给的创新提供了新动力，尤其当新技术本身已经成为基本公共服务的内容性产品时更是如此。基本公共服务中的"基本"建立在一个国家和社会的经济发展基础之上，新技术在全面提高社会生产力的同时，也为不断促进"非基本性"公共需求转化为"基本公共需求"积蓄动力。

新技术催生的新的基本公共服务产品的应用已经屡见不鲜。例如，在我国部分地区的基础教育中，已经越来越多地出现新的信息化、智慧化教育产品，包括VR教学装置、智慧教学显示设备、智能教学采编平台、高清视频教学等新技术产品。再如，在多地的政务服务流程改革中，为减少群众尤其是困难群众到服务现场的次数，已经越来越多地采用远程在线视频认证方式。此外，在环境与生态保护领域，因新材料技术突破而推出的环保新产品日益受到市场青睐，高科技产品在海绵城市建设、土壤污染治理、深层隧道排水及水环境治理中发挥了重要作用。

新技术正在不断消除基本公共服务供需两侧的各种壁障，不断突破时空壁障、文化壁障和资金壁障。数字化技术、人工智能技术和区块链技术在其中起到了重要的推动作用。数字化技术是信息传播的创新物，它消除了多数情境下人们的空间距离感，并对部分碎片化时间进行整合，促使图像、语音等即时信息通过5G"信息高速公路"在距离较远的两点之间高速、高效传播。同时，物联网的搭建更为城乡物质流通带来巨变。人工智能技术提升了跨文化情境下的文化转换效率，为人们在跨文化交流和文化互信方面提供了技术支撑。例如，从文字到语音的人工智能实现跨语言、跨文化的同步翻译，其基本原理就是利用人工智能将常用字、词、句等语言信息通过自动化程序反复输入形成基础信息库，对其不断完善直至可以精准调度所有基础语言要素进行重新组合与组装。此外，人工智能技术提高了文化创意和文艺创作的效率，使更多普通人可转化为文化创造者，这是对文化生产力和文化生产者的极大解放。区块链技术以共享数据库的形式存储信息，其"不可伪造""全程留痕""可以追溯""公开透明""集体维护"等特征非常适合对安全性能有极高要求的金融产业，发展以区块链技术为基础的金融科技有助于更好地突破基本公共服务供给中的资金壁障。

技术对基本公共服务的不同领域均有创新推动作用。在高端医疗资源严重不足的农村地区，智慧医疗体系的建设能够极大满足农村居民的基本诊疗需求。智慧医疗体系将全国或者一定范围内的医务专家纳入其中，对接农村居民的问诊需求，进而便捷高效地解决一些基本医疗问题，这是数字化技术突破基本公共服务时空壁障的一种新应用。在新冠肺炎疫情的冲击下，一段时期学校被迫停课、异地教学，基于各种数字化技术的在线教育一定程度上缓解了无法课堂教学的困境。另外，近年来不少进城务工农民运用互联网平台与电子导航软件，成为网约车驾驶员，这是新技术纾解农村人口基本就业压力，进而消除城乡就业服务体制壁障的表现。

新技术促进基本公共服务供给主体改革，以促进基本公共服务供给体制改革，激发供给主体自我改造提升，重构公共服务体系中政府、市场和社会的行为边界，捍卫公共服务供给的价值原则等为主要内容。首先，从公共服务供给主体的价值追求角度看，公共产品的供给主体本身有追求效率的要求，这会驱使其不断使用新技术以降低供给成本，提高供给效率。其次，在供给模式上，新技术变革促使基本公共服务体系涵盖内容愈发丰富，产品精细程度不断提高，为保障供给效能，供给方的分工合作也将愈发明显。传统的基本公共服务供给模式，即以政府主导、社会和市场辅助的供给模式将不断向高质量、高效率的模式转变，政府将大量的专业性服务外包给市场和社会供给主体。因此，市场和社会供给主体间的竞争态势将愈发激烈，各供给主体为保持竞争力，将不断完善自身技能、素质和能力，以便以更高的服务质量获取外包业务。再次，随着新技术、新模式的不断出现，市场行为、社会行为和政府行为将相互转化，进而导致政府、社会和市场主体的供给边界不断重构。这从2020年11月国内几大主要城市发生的"蛋壳事件"可见一斑。蛋壳公寓作为新技术驱动下的长租公寓商业模式，其拖欠业主房租和租客退款等问题本来仅涉及蛋壳公司、房东、租客以及租金放贷公司等的市场化行为，但因牵涉面过大，触及基本民生（大学毕业生基本住房保障）和社会稳定问题，加之政府监管缺位，逐渐演变成社会性重要事件，相关主体行为也从单纯的市场领域扩展至公共治理领域。最后，新技术在基本公共服务领域的应用能够更好地捍卫社会所一贯坚持的美好的价值原则。例如，在权力监督原则方面，新技术手段可使信息不对称不断弱化，更好地实现权力的公开透明运行。再如，在公平正义原则方面，5G和高清成像技术可以大大减少以往在交通事故纠纷、医疗事故纠纷中经常发生的因现场证据缺乏而造成的处理结果欠公正情况，此类事故的全程与细节在高清直播和视频云存储等应用场景下将一览无余、绝无错漏。

另外，近年来我国政府改革中的整体性政府和整体性治理理念的兴起也与新技术促进基本公共服务供给主体改革关系密切。政府治理理论新发展的最大推动力就是新信息技术的崛起，新信息技术促使"条条块块"的职能部门有机整合成为一个整体，各个部门之间的信息孤岛状态被打破，跨部门治理复杂事务的效率得到大幅提升。运用整体性政府理念完善我国城乡基本公共服务供给模式也将是一条可行之路。

城乡基本公共服务供给模式适应新技术变革的途径

新技术变革之于城乡基本公共服务供给，既是挑战，更是机遇。其挑战主要来自技术变革引起的供给变革中出现的现实障碍，这是新旧事物在不断更替前进中必然遭遇的阻力，而新技术变革将给城乡基本公共服务供给模式带来的发展与机遇更不容置疑。借助和适应未来新技术变革，城乡基本公共服务供给模式应该做到如下几点。

坚持需求精准化识别。以我国数字化、信息化、智慧化等新型基础设施向农村拓展建设为契机，加强基本公共服务需求的精准化识别，用数据治理、数据驱动、数据跑路的方式和手段精准获取城乡居民最为关切、最为期盼、最为紧迫的基本公共服务需求。设计构建一整套便于群众反馈真实需求的平台、通道或机制，深入调研不同区域、不同民族、不同经济状况的群众需求，把群众的需求引导到基本公共服务政策制定、实施和评价的闭环中来，精准、及时、快速地掌握群众需求中的新情况和新动向。

坚持供给主体多元化改革。构建政府主导、市场和社会主体多方参与的基本公共服务供给格局，进一步完善多元供给机制设计，健全和完善政府与社会资本合作模式，适当引入市场竞争机制，提高供给效率，降低供给成本。鼓励采取合同外包或者特许经营的方式进行公共服务采购，满足多元化的基本公共服务需求。逐步完善城乡基本公共服务财政与资金来源的多元转型，将单一的政府财政来源逐渐扩展为政府资金与社会资金共同承担的多源渠道，鼓励工商企业积极承担其在基本公共服务中的社会责任。

坚持供给资源最优化配置。着眼于基本公共服务体系全局，重点推进"补短板、强弱项、提质量"，发展与我国经济社会相适应的基本公共服务格局，将各类资源有效配置，用到实处。着力推进城乡教育现代化建设，促进城乡医疗健康水平提升，完善城乡就业服务和保障机制，切实发挥基本住房保障体系的功能，加快城乡公共文化和体育服务设施建设，确保基本民生保障体系稳步发展。通过缩小城乡基本公共服务差距，实现老有所养、幼有所教、贫有所依、难有所助。

坚持供给流程数字化转型。以政府为构建核心，打造数字化基本公共服务新模式，竭力搭建物联、数联、智联的三位一体信息支撑系统。其中，物联是基础，重点是"全域覆盖、全维感知"，目标是构建一个物到物、人到人、资源到资源的连接体系；数联是关键，重点是"数据统筹、统筹有数"，目标是构建一体化公共服务体系；智联是灵魂，重点是"智能调度、智慧运行"，目标是打造网络、数据、应用流程、物质资源和公共服务深度融合的支撑节点。

坚持供给规划科学化设计。推进基本公共服务的城乡均等化是一项复杂的系统工程，需要在社会各部门之间进行系统规划与合理设计。在供给理念上要注意将效率、公平、可持续有机结合；在供给层次上要注意基本性服务和发展性服务的渐次推进；在供给主体上要注意发挥政府、社会和市场主体各自的优势；在供给方式上要充分利用新技术、新模式、新产品，以改进和完善传统的供给方式。

参考文献

[1] 魏后凯. 深刻把握城乡融合发展的本质内涵[J]. 中国农村经济,2020(06).

[2] 丁宁. 中国特色城乡关系：从二元结构到城乡融合的发展研究[D]. 吉林大学博士学位论文,2019.

[3] 叶兴庆,金三林,韩杨. 走城乡融合发展之路[M]. 北京：中国发展出版社,2020.

[4] 国家人力资源和社会保障部. 2019年度人力资源和社会保障事业发展统计公报[R/OL].http://www.mohrss.gov.cn/SYrlzyhshbzb/zwgk/szrs/tjgb/202006/t20200608_375774.html.

[5] 陈文胜. 中国迎来了城乡融合发展的新时代[J]. 红旗文稿,2018(08).

[6] 马名杰. 数字技术及创新推动公共服务领域改革的特征和趋势[J]. 发展研究,2018(01).

[7] 张晖. 国家治理现代化视域下的城乡基本公共服务均等化[J]. 马克思主义理论学科研究,2018(06).

[8] 陈能军,李凤亮. 数字创意产业对于"一带一路"跨区域嵌入的耦合意义——基于区域个体异质性的视角[J]. 江西师范大学学报（哲学社会科学版）,2020(04).

推进城乡融合发展的四重逻辑

高帆

复旦大学经济学院教授，上海市习近平新时代中国特色社会主义思想研究中心研究员

　　城乡关系是我国实现社会主义现代化目标必须关注的重大问题，城乡融合发展成为新时代我国城乡关系演变的战略目标和根本原则。问题在于：如何深刻阐释这种城乡关系的转变？城乡融合发展何以成为新发展阶段我国城乡关系演变的目标取向？我国在操作层面应如何有效推进城乡融合发展？作为对上述问题的回应，本文强调我国推进城乡融合发展导源于经济理论的指引和实践的演变，并与中国经济体制的转型进程存在着紧密关联，据此，可以基于理论、历史、实践、制度的四重逻辑来阐释中国的城乡融合发展问题。

城乡融合发展的理论逻辑

从理论逻辑的角度看，城市和农村是人类社会发展的产物，是伴随着三次社会大分工而出现的概念。在人猿揖别之后的漫长时段，人类主要通过从事植物栽培业和动物饲养业来满足生存需要，在产业形态上不存在农业和非农产业的区别，在社会形态上也不存在城市和农村的差异。然而，伴随着手工业和农业分离（第二次社会大分工）以及商人的出现（第三次社会大分工），整个社会的产业形态开始多样化，手工业和商业这些非农产业为提高交易效率、降低交易成本而在地理空间上集聚，由此出现了与农村相对应的城市概念，城乡关系随即成为特定国家发展进程需要直面的重大主题。作为对这种社会实践的理论"投射"，城乡关系也就成为社会科学研究的一个重要议题。古典政治经济学的代表人物亚当·斯密就关注到城乡产业的报酬差异，他指出都市产业的报酬必然比农村产业优异；都市的劳动工资和资本利润也明显比农村大。马克思也强调一切发达的、以商品交换为媒介的分工的基础都是城乡的分离，并认为社会的全部经济史都可概括为城乡之间的对立运动。尤其是，马克思立足于生产力和生产关系两者的交互运动，强调城乡关系伴随着生产力的发展而呈现出演变趋势，即相对于城乡混沌合一状态，城乡之间的分离和差别体现出社会分工。社会分工以及与此伴随的市场交换是推动财富增长的基本机制，因此，城乡分离和对立可看作是生产力发展的体现。

然而，伴随着生产力的不断发展，城乡关系在客观上须从差别对立状态走向融合发展状态，这种融合发展是进一步释放生产力潜能、实现城乡居民全面发展的需要，而生产资料从私有制向公有制的变迁也为城乡融合发展提供了条件。显然，马克思将城乡融合发展视为生产力—生产关系交互作用理论下城乡关系演变的基本趋向，并强调生产资料所有制的制度转型对城乡融合发展的重要性。与这种研究思路相关联，发展经济学也关注到城乡二元结构是发展中国家的普遍特征，而发展中国家要摆脱欠发达状态、走向高收入国家，则要经历城乡结构转化和城乡关系演变，城乡结构转变是发展中国家推进现代化进程的基本标志和内在要求。以此为出发点，二元经济理论指出：发展中国家存在极为显著的城乡二元对立特征，实现二元结构转化的核心机制是在市场机制作用下，农村劳动力从生产率偏低的农村流向生产率占优的城市，这种劳动力的社会化配置是要素配置效率提高的过程，也是城乡收入差距缩减的过程。在发展经济学视域中，城乡融合发展即为城乡要素流动性的增强和相互依赖性的增强。总之，马克思主义政治经济学和发展经济学均强调城乡结构转化在国家现代化进程中的重要性，并将城乡融合发展视为特定国家城乡关系演变的基本趋向，我国当前强调城乡融合发展与马克思主义政治经济学和发展经济学对城乡关系的描述是一致的。

▶▶ 城乡融合发展的历史逻辑

从历史逻辑的角度看，1949 年中华人民共和国成立以来，我国城乡关系呈现出持续演变的特征。改革开放之前，在实施重工业优先发展战略的背景下，我国不仅形成了依靠政府指令配置资源的计划经济体制，而且形成了以户籍制度、人民公社制、农产品统购统销制为表征的城乡格局（高帆，2019）。改革开放之后，依托农村经营体制变迁、农产品流通体制改革、城镇化率提高、农村劳动力非农化流转、政府财政资源配置等重要机制，我国的城乡关系开始从"农村支持城市"转向"城市支持农村"，并提出统筹城乡发展和推进城乡一体化等重要战略。

相对于改革开放之前，我国城乡关系定位发生了显著转变，城乡之间商品和要素的市场流动性大大增强，城乡收入差距和消费差距也呈现出缩减趋势。尽管如此，我国提出城乡融合发展仍是重要的，它是对城乡统筹发展和城乡一体化战略的深化和扩展。相对于城乡统筹发展，城乡融合发展更强调市场配置资源、政府宏观调控对城乡关系演变的作用。相对于城乡一体化，城乡融合发展更强调农村、城市、城乡之间的分工协同格局。概括地说，城乡融合发展是新时代经济高质量发展在城乡关系层面的集中表现，它意味着中国城乡关系进入新的阶段，而改革开放以来我国经济持续的高速增长和社会结构的变迁也为城乡融合发展提供了有力支撑。

城乡融合发展是当前我国城乡关系演变的目标定位，这一定位有三个关键词：城乡、融合、发展，立足于中国作为人口和地理规模巨大的发展中国家的国情，可以发现这三个关键词有极为丰富的内涵。城乡是指构成我国经济社会的两个组成部分——城市和农村，两者在地域分布、产业性质和群体特征中存在差异，"从人们使用城市和乡村这两个词语的传统看，可以用产业类型或一定面积上的人口密度来定义城市或乡村"（党国英，2015）。城市和农村分布在我国地理范围的不同区位，两者具有不同的人口密度和产业类别，并居住着市民和农民这两类户籍制度下的不同群体。融合是指城乡两大部门从对立割裂状态走向频繁互动、相辅相成的动态过程，它表现为城乡之间因为产业分工而形成产品和要素流动关系，城乡之间在地理空间形成相互交错、网络连接的新格局，城乡居民能够相对均匀地分享经济社会发展的成果。与此相关联的是，融合意味着城乡之间在经济、地理和公共产品配置等方面发生了一系列重要的转变，这一转变是一个涉及多个领域的结构变迁过程，也是一个涉及多个主体的利益调整过程。发展则是指城乡关系演变不是就城镇和农村的某个部门而言的，它是就整个国民经济和城乡两大部门构成的系统而言的。城乡之间不存在厚此薄彼、相互替代的关系，不是将农村作为解决城镇化发展进程中难题的工具，也不是通过抑制城镇化进程来推动农村经济社会发展。在新的时代背景下，我国城乡关系演变追求的是城镇化质量、乡村振兴以及城乡之间的相互促进，这里包含了城市、农村以及两者结构关系这三个维度的系统发展。

城乡融合发展显著区别于我国计划经济时期的"农村支持城市"以及改革开放之后的"城市支持农村"，后两者均强调了城乡两大部门的某个方面，因此呈现出显著的"非均衡发展"特征。城乡融合发展也是城乡统筹发展和城乡一体化战略的深化和拓展，城乡统筹发展和城乡一体化强调了应从"非均衡发展"转向"均衡战略"，但这里的"统筹"和"一体化"更强调通过政府力量特别是财政资源配置来矫正城乡之间的失衡格局，而城乡融合发展则更强调政府和市场力量的有机结合，更强调城乡之间的社会分工差异化和福利水平趋同化。从时序演变的角度看，中国经济正从高速增长阶段转向高质量发展阶段，需要着力回应不平衡、不充分发展问题，加快形成国内大循环为主体、国内国际双循环相互促进的新发展格局，这些不仅体现出城乡融合发展的重要意义，而且明确了城乡融合发展的目标指向。

进入新发展阶段，城乡融合发展的根本目标是：立足于我国全面建成社会主义现代化国家的战略取向，通过打通城乡之间要素配置、公共产品配置的制度性阻隔，来更好地构建城乡之间的相互促进机制，以此积极回应城乡之间的不充分发展问题，增强城乡之间的成果分享效应，以此积极回应城乡之间的不平衡发展问题，而城乡要素自由流动是城乡融合发展的实现途径，城乡居民福利趋同是城乡融合发展的集中体现。

▶ 城乡融合发展的实践逻辑

从实践逻辑的角度看，城乡融合发展对我国现代化建设的重要性毋庸置疑，问题的关键在于：什么是我国推进城乡融合发展的有效方式？城乡融合发展的实施方式具有显著的历史性特征，即不同的时空背景通常对应着与之相契合的城乡融合发展方式。就此而言，作为世界上人口和地理规模巨大的发展中国家，我国城乡融合发展是在地区具有显著差异的背景下推进的。这种差异体现在经济增长、产业结构、人口结构、禀赋条件等多个方面。例如，根据香港环亚经济数据有限公司（CEIC）提供的数据，2019年我国人均GDP为70581元，在31个省、自治区和直辖市中，人均GDP最高的是北京（164563元），最低的是甘肃（32995元），前者是后者的4.99倍。2020年，我国第二、第三产业增加值占GDP的比重为92.3%，分地区看，全国最高的是北京和上海，该占比均为99.7%，而最低的黑龙江占比为74.9%，两者相差接近25个百分点。2019年我国常住人口城镇化率为60.6%，分地区看，全国最高的是上海，该占比为88.3%，而最低的西藏占比为31.5%，两者相差接近57个百分点。这些数据表明，我国不同地区之间的发展水平、发展阶段存在着显著差距，这是我国推进城乡融合发展最为重要的实践背景。从这种背景出发，我国推进城乡融合发展在方式选择中就应该强调多元性，不能在全国范围内按照某种单一方式来强制性地推进城乡关系演变，而应立足于不同地区的发展阶段、禀赋条件来因地制宜地推进城乡融合发展。

以发展阶段和禀赋条件作为区分基准，现阶段我国的城乡融合发展大致可分为四种方式：

一是大城市近郊的城市需求导向方式，即在大城市、特别是特大城市的郊区，城市居民人均收入水平提高和需求结构转变为农村发展提供了市场拉力，农村的产品供给可主要围绕城市需要展开，特别是农村通过产业功能转变、产业链延长和产业间融合，使农业功能从单一的食品供给转为复合的生态、文化供给，这种功能转化也意味着农村形成新的增长点，进而吸引城市要素流向农村，形成城乡之间的要素对流并提高农村土地产出率、资本回报率和劳动生产率；

二是城市远郊的适度规模经营方式，即在城市远郊地区，应立足于粮食主产区的功能定位，依托土地"三权分置"改革推进土地经营权流转，扩大农民对土地配置的经济选择权。与此同时，基于粮食安全战略加大对这些农村的财政支持力度，以此提高农业的适度规模经营，依靠农业组织创新激励农村技术进步，使农业经营者可获得与其他产业大致相同的要素回报率；

三是边境或民族地区的特色产业发展方式，我国边境和民族地区与大城市的地理距离往往较远，但其通常具有生态环境优美、文化资源充裕、产业形态独特的性质，这些地区可充分利用这些禀赋条件和比较优势，通过市场细分形成乡村旅游、特色小镇等多元发展模式，为城乡居民提供新型体验式产品或服务，并依托互联网技术等形成供求之间的信息有效对接，以此形成城市对这些农村地区的辐射功能，带动经济社会发展；

四是农村贫困地区的内外力量联动方式。2020年我国实现了现行标准下农村贫困人口的全部脱贫,并创造了人类减贫史上的"奇迹"。今后我国减贫工作重心也将从消除绝对贫困问题转向解决相对贫困问题。从收入、消费和发展能力等维度看,未来较长时段我国的相对贫困人口仍主要集中在农村。我国针对相对贫困人口集中的农村地区,需要采用政府扶持、社会参与和农村贫困人口内生动力激发相结合的方式,持续增强政府对农村贫困人口的保障兜底功能,持续增强这些地区和群体的自我发展能力,以促使城乡居民能够相对均匀地分享发展的成果,确保全体人民共同富裕取得更为明显的实质性进展。

在不同区域因地制宜,实行多元化的城乡融合发展方式,这是中国特色城乡关系演变的一个重要表现。由此延伸开来,在政策层面,我国不仅要强调国家整体的顶层设计和宏观调控,而且要强调不同地区依据各自条件进行方式探索。例如,在国家发布"中央一号文件"、乡村振兴战略和城乡融合发展相关文件的基础上,不同地区可依据这些文件的指导思想和基本原则形成本地的具体方案。需要强调的是,我国城乡融合发展的推进方式是多元的,但无论哪种方式都不能否定农业、农村和农民对我国实现现代化的重要性,农业增加值在GDP中的占比在下降、农村人口在总人口中的占比在下降、农村劳动力在总劳动力中的占比在下降是特征事实,但不能因此忽视农业、农村和农民的作用,也不能将城乡融合发展视为城市化率提高、农村等待被改造的过程。在我国推进城乡融合发展的进程中,农业的功能不应是缩小了,而应是转化了;农村价值不应是消散了,而应是重塑了;农民的权利不应是缩小了,而应是扩展了。

▶▶ 城乡融合发展的制度逻辑

从制度逻辑的角度看，与其他经济体不同的是，我国的城乡融合发展不是发生在市场经济定型的条件下，而是发生在经济体制转型的背景下。必须结合经济体制转型来看待中国城乡融合发展的现实问题，必须关注市场化与工业化、城市化、农业现代化的关联关系。

在市场化改革迟缓的背景下，不同地区实施任何类型的城乡融合发展方式都可能存在因制度约束而举步维艰的情况，其实施效果也难以令人满意。迄今为止，我国仍存在城乡户籍身份中的二重权利、城乡要素流动中的价格"双轨"这样的不平等特征（蔡禾，2021），就其成因而言，这些不平等特征与特定体制机制安排及其运行紧密相关。换句话说，我国不同地区的城乡融合发展方式有区别，但它们都需要相同的制度条件背景，就此而言，深化经济体制改革对我国城乡融合发展具有举足轻重的作用。因此必须做好以下几点：必须进一步增强劳动、资本、土地、知识、技术、管理、数据等要素在城市之间的流动性，深化要素的市场化改革、增加要素的产权保护；必须进一步扩大企业和居民等微观主体的选择权，特别是使农民在城乡之间进行就业选择、城市资本进入农村开展产业融合、农村土地在不同群体之间的配置权利得以扩展，只有这样城乡之间才是基于市场配置资源和微观主体理性选择之后的真正融合；必须进一步提高城乡基本公共服务的均等化配置，城乡融合发展要形成城乡之间产品和要素的充分对流，需要改变按照户籍制度或城乡居民身份来分配公共产品的逻辑，应按照普惠原则赋予城乡居民相对均等的基本公共产品；必须针对农村承载的多重公共产品功能加大财政转移支付力度，并从夯实农村发展持续动力的角度出发，将农村基础设施建设和人力资本投入放在更为关键的地位。

在当前的发展背景下,我国城乡融合发展除了应关注农村的经济功能,还应看到农村承担的生态供给功能、文化传承功能、粮食安全功能和社会稳定功能,这些功能未必直接表现为经济增长,但对我国经济的高质量发展和现代化整体进程举足轻重。为此我国的城乡融合发展不能单纯依靠市场机制,还应强调政府在城乡融合发展中的作用,充分发挥我国社会主义制度在城乡关系演变中的优势,利用生产资料所有制、分配制度、经济运行机制等基本经济制度,推动城乡之间的要素流动、公共产品配置和居民福利水平提高。强化地方政府特别是基层地方政府财政能力建设,在城乡融合发展的背景下,除了给予国家层面的顶层设计和宏观调控,还应鼓励不同地区开展城乡融合发展的方式探索。从激励地方政府开展探索实践出发,我国应加快建立权责清晰、财力协调、区域均衡的中央和地方财政关系,适度加强中央事权,加强基层政府公共服务保障能力,以使地方政府在探索城乡融合发展方式时更具财政支撑条件。

现阶段我国城乡结构变迁为农村社会治理带来了新命题。农村人口和要素流出去,农村之外的人口和要素流进来,城乡产业分工和空间边界被重新塑造,城乡之间的经济社会关系正处在一个剧烈变化阶段。为此,我国在推进城乡融合发展时必须动态调整农村社会治理方式,充分利用互联网技术及时掌握和分析农村状况,将乡村的本土非正式制度和市场化条件下的正式制度结合起来,形成多样化、更具弹性的现代农村治理方式。

参考文献

［1］高帆.从割裂到融合：中国城乡经济关系演变的政治经济学[M].上海：复旦大学出版社,2019.

［2］党国英.城乡界定及其政策含义[J].学术月刊,2015(06).

［3］蔡禾.新中国城乡关系发展与当下面临的问题[J].社会学评论,2021(01).

城乡融合发展的进展、障碍与突破口

刘合光

中国农业科学院农业经济与发展研究所研究员

城乡融合发展是解决我国经济社会发展不平衡、不充分的关键思路。近年来，我国城乡融合发展体制机制不断完善，取得了重要进展，同时也存在着一些障碍。对此，须采取有效措施，加大力度推进城乡融合发展，以促进"以人民为中心"的发展思想和共同富裕目标落到实处。

▶▶ 近年来城乡融合发展的进展

2016年以来，城乡融合发展体制机制逐步完善，为农业农村现代化建设提供了良好的政策环境。党的十九大报告明确提出要"建立健全城乡融合发展体制机制和政策体系"。2019年4月国务院印发《关于建立健全城乡融合发展体制机制和政策体系的意见》，提出"到2022年，城乡融合发展体制机制初步建立"。2019年7月，国务院同意建立由国家发改委牵头的城镇化工作暨城乡融合发展工作部际联席会议制度。2019年12月，国家发改委等18个部委联合印发了《关于开展国家城乡融合发展试验区工作的通知》，把试点引路作为重要改革方法，推动国家城乡融合发展试验区坚持城乡融合发展方向，率先建立起城乡融合发展体制机制和政策体系，为全国提供可复制可推广的典型经验。2020年4月，国家发改委印发《2020年新型城镇化建设和城乡融合发展重点任务》，对年度城乡融合发展工作进行部署和推动。"十四五"规划纲要提出"健全城乡融合发展体制机制"，明确指出"建立健全城乡要素平等交换、双向流动政策体系，促进要素更多向乡村流动，增强农业农村发展活力"。这些相关政策、规定、制度的出台有力地推动了城乡融合发展，使之取得良好进展。

城乡要素双向流动逐步畅通。一方面，随着农业转移人口进城落户门槛不断降低、通道逐步拓宽，现阶段不得以退出土地承包经营权作为农户进城落户的条件，农业转移人口转变为城镇居民的进程提速，2020年年底，我国户籍人口城镇化率和常住人口城镇化率分别提高到45.4%和60%以上。另一方面，城市人才入乡机制也在逐步建立，城市人才向乡村流动，激发了乡村发展活力。发展普惠金融，促进资本、技术等要素向乡村流动，推进了金融市场在城乡之间的融合发展进程。

农村产业融合与发展能力大幅提升。我国乡村富民产业蓬勃发展，农村第一、第二、第三产业加快融合，2020年我国农产品加工转化率达到67.5%，乡村休闲旅游的游客数量和营业收入大幅增长；美丽乡村建设加快推进，全国具备条件的建制村全部通上了硬化路；98%的村制定了村规民约，建成54.9万个村综合文化服务中心，自治、法治、德治相结合的乡村治理体系基本建立。我国现代农业根基进一步巩固，全国粮食总产量连续7年保持在1.3万亿斤以上，2020年农业科技进步贡献率超过60%。农业发展方式加快转变，化肥农药使用量保持负增长，2020年秸秆、畜禽粪污利用率分别达到86%、75%，农产品质量安全例行总体监测合格率保持在97%以上。各类新型农业经营主体在广袤的农村大地上兴起，家庭农场政策支持体系逐步健全；农民合作社服务农民能力显著提高；各类农业产业化经营组织迅猛发展。立体式复合型现代农业经营体系提高了农业生产经营的集约化、专业化、组织化、社会化程度，为现代化发展注入了更加持久的活力。2020年全国农村居民人均可支配收入达到17131元，超额完成比2010年翻一番的目标。

城乡发展鸿沟进一步缩小，主要体现在三个方面：一是城乡一体的基本公共服务提供机制逐步建立，城乡公共服务差距缩小。近年来公共服务设施的一体化、均等化进程加速。城乡义务教育经费保障机制、统一的城乡居民基本养老保险、基本医疗保险、大病保险制度逐步建立。二是城乡一体的基础设施建设取得显著成效，城乡基础设施差距缩小。农村的水电路网等基础设施建设水平全面提升。三是脱贫攻坚取得历史性成就，城乡居民收入差距缩小。我国脱贫攻坚战取得了全面胜利，现行标准下9899万农村贫困人口全部脱贫，12.8万个贫困村全部出列，区域性整体贫困得到解决，完成了消除绝对贫困的艰巨任务。农村居民人均可支配收入增速连年高于城镇居民，城乡居民人均可支配收入比值由2017年的2.71下降到2020年的2.56。

▶▶ 城乡融合发展面对的主要障碍

根据马克思主义的观点，城乡融合发展是经济社会发展到较高级阶段的结果，目前我们的经济社会尚未发展到这种程度。首先，我国经济发展还处于从中高收入阶段向高收入阶段过渡的时期，我国还未成为发达经济体。其次，劳动力就业还未形成与国民经济三次产业相匹配的结构，2020年第一产业增加值占GDP的比重已经下降到7.7%，农业劳动力占比却没有同步下降，依然超过25%。再次，我国城镇化阶段还未达到发达国家城镇化成熟阶段（80%以上）的水平，城镇化率还有很大提升空间，全国仍然还有5.52亿居民长期居住在农村区域。这些结构性矛盾有待经济社会的进一步发展和城镇化水平的进一步提高来逐步加以解决，在解决矛盾的过程中，高级阶段也就逐渐到来。总体而言，在较高级阶段到来之前城乡融合发展还存在以下障碍。

一是要素融合方面保障机制有待完善。从劳动力和人才的融合来看，城乡二元的户籍壁垒没有根本消除，农民工处于半城镇化状态，没有彻底转变为市民，权益得不到保障，城市人才下乡也受到权益保障程度不高、配套支持政策不充分等因素的制约。城乡统一的建设用地市场尚未建立，农村建设用地入市，虽然政策松动，但是实际操作还不顺畅。近几年，城市资本要素向农村流通的愿望强烈，但是共建共治共享的机制还未理顺，投资者和乡村本地居民在投资相关利益分配上还多有冲突。

二是产业融合方面缺少集聚效应发挥作用的基础。现代产业发展都有聚集需求，产业集群式发展已经成为产业发展的主流，而乡村产业发展薄弱，乡村的产业发展软硬件配套与城镇产业园区相比还存在较大的差距，对城镇产业的吸引力不足。乡村对产业人才的吸引力不足、生活基础设施配套性差，也是阻碍城镇产业向乡村转移及发展城乡融合产业的一个主要因素。

三是制度融合上存在制度性差别、共享机制待完善。一方面，由于户籍制度形成的城乡分割，城乡居民在教育、医疗、就业等方面存在制度性差别。户籍制度捆绑着教育、医疗、养老等基本公共福利，户籍制度改革的成本巨大，地方政府主动性改革意愿不强，因此户籍制度改革的推进实践还缺乏实质性进展。另一方面，保障农村居民共享地区经济社会发展成果的机制还有待完善。在市场机制的引导下，优势资源、优势产业和巨额经济社会发展成果累积到城镇中，而且优先向城市集聚。因受户籍制度限制和个体融入成本的约束，农民工很难融入集聚效应更强的大中城市。要建立健全保障农村居民分享地区发展收益的机制，改变"农民只能以个体身份参与经济社会发展，承担了较大的成本，享受到较少的收益"的状况。

四是空间融合上还存在城中村、衰败甚至空心化的村庄。大部分农民融不进城镇，只能以农民工身份寄居在城中村，有学者研究指出我国发达城市的城中村大多数具有"三低二高"的特征：土地利用效率低、产业技术水平低、居民收入低；犯罪率高、违法建设比例高。城中村也成为城市化健康发展亟须破解的难题。随着城市化进程的加快，一些地区出现了村庄衰败甚至空心化现象，包括农村人口和产业的空心化，使农村发展丧失活力；农村基础设施和社会服务的空心化，使农村公共服务和公共产品供给不足乃至缺失，乡村丧失了对居民的吸引力。农村经济发展的活力消失，引发乡村形态、组织运行、村容村貌支撑基础的丧失，尤其是农村集体经济的衰退甚至破产使得原先维持村庄运行的制度近乎处于瘫痪状态。

五是治理融合方面存在治理资源匮乏、治理结构固化和公共产品供给低效的困境。我国城乡治理在一定程度上是割裂的，现代化程度高的城镇治理机制相对完善、治理水平相对较高，而农村则相反。乡村治理存在的困境有：治理资源匮乏，城镇化通过虹吸效应对乡村治理人才的过度抽取以及村庄居民民主意识和权益意识的觉醒导致治理成本抬升，农村治理资源相对紧缺；治理结构固化，镇政府和村委会治理结构与城镇化背景下村民流动性之间存在冲突，村民长时间在工业服务业就业岗位丰富的城镇工作和生活，参与乡村治理不充分，而且在居住地（主要是城中村）也缺乏有效的治理；公共产品供给低效，村民对公共服务短缺的诉求压力转移到乡村治理干部身上，带来治理干部与村民之间的紧张关系。这三大困境与城镇化所处的进程联系紧密，也与城乡发展不平衡、乡村发展不充分密切相关。目前从机制和理念上来看，城乡治理融合存在堵点，主要原因是城乡治理关联性有待提高，共建共治共享的社会治理理念有待得到有效落实。

▶ 找准突破口、抓手和路径，推进城乡融合

建立健全城乡融合发展体制机制和政策体系是一项长期的历史任务，必须明确改革的大方向、大原则，做到以下几点：一是明确改革的总方针，坚持农业农村优先发展；二是明确改革的抓手，协调推进乡村振兴战略和新型城镇化战略；三是明确改革的目标，缩小城乡发展差距和居民生活水平差距，促进实现共同富裕；四是明确改革的路径，以完善产权制度和要素市场化配置为重点，坚决破除体制机制弊端，促进城乡要素自由流动、平等交换和公共资源合理配置。

第五章　城乡融合发展

城乡融合发展改革的突破口是利益共享机制改革。城乡融合发展要体现"以人民为中心"的思想。以共同富裕为目标，创建利于城乡居民共建共享共赢的城乡利益联结机制，促进城乡居民共享经济社会发展成果。一是存量利益的共享。城市作为市场机制的主要受益区域，要放开大门、降低门槛，接纳农民工群体，让为城市建设和发展付出汗水的农民工群体有效分享城市发展成果。要推进农民工市民化进程，降低农民定居城市的成本（重点是住房成本），对农民工放开城市公共服务和社会保障准入。二是增量利益的共享。要在城镇化进程中统筹考虑城乡利益，尤其对平台型产业发展项目，要给予乡村集体参股和分享收益的机会，确保城镇化进程中乡村有充足的发展空间。要以完善产权制度和要素市场化配置为重点，促进城乡要素自由流动、平等交换。对于城镇新建项目、新开发的建成区，要探索通过股份共占、建设合作等方式，保证农村集体和转入城镇农民在未来城镇发展中获得持续收益流。要落实《关于调整完善土地出让收入使用范围优先支持乡村振兴的意见》，逐步达到土地出让收益至少50%用于农业农村。要充分发挥城市与乡村的比较优势，推动城乡要素对接，对于城市居民携带先进技术、资本到农村发展产业项目，要建立和完善城乡投资者双方的利益保障和共享机制。通过充分对接，促进各类要素更多地向乡村流动，在乡村形成人才、土地、资金、产业、信息汇聚的良性循环，使城乡产业发展保持动态均衡。

城乡融合发展要用好乡村振兴和新型城镇化战略两个抓手，建立新型城镇化和乡村振兴双轮驱动的机制，统筹建设美丽乡村和宜居城市。要着力推进新型城镇化，加快实施以促进人的城镇化为核心、以提高质量为导向的新型城镇化战略，增强中心城市和城市群综合承载、资源优化配置能力，促进大中小城市和小城镇协调发展，提升城市治理水平，推进以县城为重要载体的新型城镇化建设，强化县城综合服务能力，把乡镇建设成为服务农民的区域中心。推进城乡产业融合发展，壮大县域经济，承接适宜产业转移，培育支柱产业，为融入城镇的农民提供充足的就业岗位。加快小城镇发展，发挥小城镇连接城市、服务乡村的作用。要大力发展乡村振兴，重点是激活农业农村发展活力，做到：一是激发农业农村主体积极性，发挥主体能动性，建立新型经济组织和社会治理组织，把农民有效组织起来，提升农民经营能力和治理能力，使之真正成为农业农村发展与现代化治理的主导力量；二是深化农业农村改革，破除城乡要素流通的障碍因素，促进现代科技、管理、信息等先进要素流向农业农村发展项目，促进农业农村发展速度和质量提档升级；三是持续推进农业农村创新发展，建立健全有利于乡村经济多元化发展的体制机制。乡村经济的发展方向是以现代农业为基础，以农村第一、第二、第三产业融合发展和乡村文化旅游等新产业为重要补充。要瞄准这个发展方向，完善农企利益紧密联结机制，实现乡村经济多元化和农业全产业链发展。

城乡融合发展要走好"试点—总结—推广"路径，重点落实四类融合政策措施。要以国家城乡融合发展试验区为突破口，推动体制机制改革和政策举措落实落地。要边试验、边总结、边推广，条件成熟时以法律等形式将行之有效的体制机制规范化。试验区试点的目标是实现城乡生产要素双向自由流动的制度性通道基本打通，城乡有序流动的人口迁徙制度基本建立，城乡统一的建设用地市场全面形成，城乡普惠的金融服务体系基本建成，农村产权保护交易制度基本建立，农民持续增收体制机制更加完善，城乡发展差距和居民生活水平差距明显缩小。要在试点基础上，认真总结、提炼试验区典型经验，研究、推广行之有效的成熟做法，不断把改革向纵深推进。城乡融合发展要落实四类重点政策：一要落实城乡经济融合政策，包括生产要素融合政策和产业融合政策两个方面，坚决破除妨碍城乡要素自由流动、平等交换和产业融合的体制机制壁垒，促进各类要素有效实现城乡双向流动；二要落实城乡社会融合政策，推动公共服务向农村延伸、社会事业向农村覆盖，健全全民覆盖、普惠共享、城乡一体的基本公共服务体系，推进城乡基本公共服务标准统一、制度并轨；三要落实城乡空间融合政策，统筹城乡发展规划，促进城乡均衡发展，统筹城乡基础设施建设、公共服务供给、生态保护和产业布局；四要落实制度融合政策，改革户籍制度，弱化户籍的身份属性和福利属性，充分发挥居住证制度的功能；改革集体土地制度，改革完善农村承包地制度、稳慎推进农村宅基地制度改革、建立集体经营性建设用地入市制度；改革城乡治理机制，加强城乡融合治理，立足城乡发展实际和人民需求，健全自治法治德治相结合的乡村治理体系，不断提升城乡治理科学化、精细化、智能化水平，让人民群众拥有更多的获得感、幸福感、安全感。

参考文献

［1］李培林.村落的终结：羊城村的故事[M].北京：商务印书馆,2004.

［2］叶裕民.特大城市包容性城中村改造理论架构与机制创新——来自北京和广州的考察与思考[J].城市规划,2015(08).

［3］张良悦,曾赏,程传兴.农村空心化的困境与应对：基于城乡一体化的视角[J].南方农村,2015(02).

［4］彭超,刘合光."十四五"时期的农业农村现代化：形势、问题与对策[J].改革,2020(02).

中国城乡融合高质量发展研究

张友国

首都师范大学政法学院教授

　　党的十九届五中全会明确提出，到2035年基本实现社会主义现代化远景目标，并首次提出"人的全面发展、全体人民共同富裕取得更为明显的实质性进展"，在改善人民生活品质部分特别强调了"扎实推动共同富裕"。共同富裕的重要抓手是协调处理好区域统筹和城乡统筹，实现不同区域之间、城市与农村之间的共同发展。从全面建成小康社会到全体人民共同富裕，一以贯之的是中国共产党的初心和使命，一以贯之的是中国共产党以人民为中心的根本立场，一以贯之的是中国共产党带领人民创造美好生活的奋斗目标，一以贯之的是社会主义的本质要求。正如全面建成小康社会的核心要求在于"全面"，全体人民共同富裕的重点在于"共同"，注重解决发展的平衡性、协调性、可持续性。面对当前我国的社会主要矛盾和新阶段的发展目标，城乡差距成为发展不平衡、不充分的重要表现之一，促进城乡融合高质量发展是破解当前我国社会主要矛盾的时代要求,也是扎实推动共同富裕实现的关键所在。

▶▶ 新征程:城乡融合发展事关现代化发展全局

我国在第一个百年奋斗目标的征程中实现了全面建成小康社会的伟大壮举,但我国仍处于并将长期处于社会主义初级阶段的基本国情没有变,我国仍然是世界上最大的发展中国家,发展仍然是我们党执政兴国的第一要务。在迈向第二个百年奋斗目标的新征程中,基本实现社会主义现代化、全面建成社会主义现代化强国,既是社会主义初级阶段国家发展的要求,也是我国社会主义从初级阶段向更高阶段迈进的要求。新时代新阶段的发展中,矛盾和问题集中体现在发展质量上,这就要求我们必须把发展质量问题摆在更为突出的位置,着力提升发展质量和效益。城乡融合发展是实现高质量发展、全面建成社会主义现代化强国的内在要求,而城乡融合高质量发展的关键点在于不仅要解决城乡经济增长放缓所引发的发展不充分问题,更要回应城乡发展不平衡影响共同富裕目标实现的问题。

城乡融合发展是国家现代化的重要标志。党的十八大以来,我国提出要坚持走中国特色新型工业化、信息化、城镇化、农业现代化道路。"新四化"为城乡融合指明了发展路径,城乡融合也成为"新四化"的重要实现载体。2019年,中共中央、国务院联合下发的《关于建立健全城乡融合发展体制机制和政策体系的意见》明确指出,要"加快形成工农互促、城乡互补、全面融合、共同繁荣的新型工农城乡关系",这与"新四化"的内涵一致,更加明确了新型城乡关系的实现路径和发展目标。只有城乡两个主体保持步调一致，才能走上社会主义现代化的共同富裕之路。

▶ 新方略：城乡融合发展必须坚持新发展理念

进入新发展阶段，我国城乡融合发展的外部环境和内生条件都发生了变化。将创新、协调、绿色、开放、共享的新发展理念充分融入社会和经济要素配置的各环节，成为破解城乡二元结构的新思路。其中，创新发展理念居于首位，这是因为创新是引领发展的第一动力，是牵动经济社会发展全局的"牛鼻子"，决定发展的速度、效能、可持续性，更是城乡共同发展的强大动能。协调发展理念是高水平发展的内在要求。只有准确把握城乡融合的重点和难点，坚持发展的两点论和重点论相统一，着力破解难题、补齐短板，同时考虑巩固和厚植原有优势，才能实现高质量发展。在城乡融合方式上，要坚持工业反哺农业、城市支持农村以及多予、少取、放活的方针，促进城乡公共资源均衡配置，加快形成以工促农、以城带乡、工农互惠、城乡一体的工农城乡关系，不断缩小城乡发展差距。绿色发展理念是可持续发展的不竭动力。绿色发展以人与自然和谐为价值取向，以生态文明建设为基本抓手。走城乡融合绿色发展之路，是调整经济结构、转变发展方式、实现可持续发展的必然选择。开放发展理念带来城乡融合新的窗口期。推进城乡双向开放，有利于满足人民日益增长的美好生活的需要，有利于实现"城市让生活更美好"这一进城农民的理想，同时能够满足市民对"乡村让城市更向往"的期待，因此，也应成为缓解社会主要矛盾的重要选项之一。

《中华人民共和国国民经济和社会发展第十四个五年规划和 2035 年远景目标纲要》强调，在健全城乡融合发展体制机制的过程中，要"建立健全城乡要素平等交换、双向流动政策体系，促进要素更多向乡村流动，增强农业农村发展活力"。城乡融合是城市与乡村在经济要素、空间规划、社会保障、文化生活、生态环境等全方位的统筹协调，应达到"各美其美，美美与共"的发展目标。但目前来看，我国城乡之间的差距不仅体现在收入水平上，还体现在教育、医疗以及社会保障等多个方面。因此，打通城乡要素自由流动制度性通道，已经成为党和国家关注的焦点。城镇化的成熟标志在于城乡发展差距和居民生活水平差距显著缩小，实现路径在于确保基本公共服务均等化水平稳步提高，乡村治理体系不断健全，经济发达地区、都市圈和城市郊区在体制机制改革上率先取得突破，城乡融合发展体制机制更加成熟。到 21 世纪中叶，城乡全面融合的实现将助力乡村全面振兴、全体人民共同富裕目标的基本实现。

▶ 新动能：城乡融合发展是新发展格局的战略基点

习近平总书记指出，"构建新发展格局的关键在于经济循环的畅通无阻"。当今世界正处于百年未有之大变局中，集中精力办好自己的事情，做大做强国内市场，既是对我国未来现代化进程中的经济发展格局进行的战略性调整，也是对我国未来对外开放进程中的经济发展格局进行的战略性重塑。构建新发展格局是对过去我国经济"两头在外，大进大出"发展模式进行反思的结果，也是统筹发展和安全、实现稳增长与防风险长期均衡的需要，更是牢牢把握发展主动权的战略举措。

2020年，我国GDP已经突破百亿人民币，人均GDP超过10000美元，并在稳步迈向高收入国家行列。城乡居民收入水平和消费水平皆在提高，居民消费结构也发生了深刻转变，2020年我国城乡居民可支配收入分别达到43834元和17131元，城乡居民恩格尔系数分别为29.2%和32.7%；经济体制改革持续深化，市场在资源配置中的决定性作用日益彰显，城乡居民自主开展经济活动的空间在扩展。从消费水平来看，2020年，我国居民人均消费支出为21210元，其中城镇居民人均消费支出为27007元，农村居民人均消费支出为13713元，农村居民消费仅为城镇居民的50.78%，可见，城乡居民收入和消费仍有较大的弥合空间，农村将成为内循环的最大发展动能。

当前，我国经济发展的最大潜力在乡村，最大堵点、断点在城乡融合，畅通城乡经济循环的最主要任务是供给侧有效畅通，有效供给能力强到可以穿透循环堵点、消除瓶颈制约。因此，必须坚持深化供给侧结构性改革这条主线，继续完成"三去一降一补"的重要任务，全面优化升级产业结构，提升创新能力、竞争能力和综合实力，增强供给体系的韧性，形成更高效率和更高质量的投入产出关系，实现经济在高水平上的动态平衡。建立健全城乡融合发展体制机制和政策体系，特别是推动乡村资源要素与全国大市场相对接，能够有效提高供给质量、拓展需求空间，是形成强大的国内市场、有效应对外部挑战的重点所在。

▶ 新举措：城乡融合要着眼于高质量发展

补短板：补齐城乡相对贫困的短板。在"三去一降一补"的推进过程中，相对贫困人口是始终存在的，并且直接影响到城乡融合的顺利实现。诺贝尔经济学奖获得者阿玛蒂亚·森指出，贫困不仅应被视为低收入，而且应被视为被剥夺了生存能力。如果贫困人口总是囿于"被救助"的制度环境中，那么他们寻求自身发展机会就会受到阻碍。因此，在完善社会救助政策的同时，政府还需要加强"扶智"，倡导以就业政策为中心的扶持政策。通过政府购买社会服务，引入专门部门为城乡相对贫困群体提供就业培训，通过财政补贴或减税等方式加强对创业群体的支持，提升其自我造血能力，实现从物质援助到人才发展的转变。

当前的一系列反贫困政策突出精准化，实现了政策有效、执行有力、落地有声，是打赢脱贫攻坚战的根本保证。在建立健全城乡融合体制机制方面，要把相对贫困人口纳入统筹范围内，实行动态化管理。因此，要进一步加强短期政策与长期政策、"点状"救助和"网状"提升的结合，强化反贫困政策的缝隙衔接。当前我国正在逐步推进精准扶贫与乡村振兴的有序衔接，各个部门职责的有序衔接是题中应有之义。不可否认，我国各个部门之间的协调性还存在不足，因而表现出"点状"救助方式，即城乡间、城市各区县间"各扫门前雪"，各行政部门之间衔接度不够。为消解这种"点状"救助带来的"缝隙效应"，应由一个主管部门牵头或成立专门的协调小组，形成"网络化"的反贫困联动机制，打破各地方和各部门之间的区隔，构建网格化、无缝隙的协作扶贫模式。在具体实施过程中，应当成立专门部门承担具体的城市困难职工解困脱困工作，建立完善的信息公开机制。应按层级设立相应部门，部门之间相互协作、彼此监督，通过"一网通办"等方式简化求助程序，真正实现城乡之间、不同区域之间的信息共享和责任共担。可以进一步引入社会资源，盘活社会和市场资源，让社会组织真正参与到社会救助、技能培训、信息平台搭建等领域中，形成"党政主导、公众参与、社会协同、上下联动"的反贫困工作新格局。

调结构：打破分割的城乡二元产业结构。城乡融合发展的关键在于高质量和可持续，亟待解决的三个重要指向是调整劳动力就业结构、产业结构和要素配置结构。

改革开放以来，特别是 20 世纪 90 年代中期之后，我国走上了一条"以农哺工"的道路，以保障工业发展；在经济发展模式上采取"以城市为中心"的策略，以促进城市发展。大规模农村劳动力外流倒逼了城乡融合，但这一过程也伴随着农村劳动力结构的转变，出现了空心化等问题，使得人力资本含量较高的劳动力单向外流，农业农村发展内生动力严重不足。这种劳动力结构的变化导致农村经济社会活动往往缺乏高素质群体的支撑，给城乡融合发展的连续性、有效性带来了挑战。在新的发展阶段，推动城乡融合发展首先需要通过要素配置和公共服务均等化改变城乡劳动力单向流动的现状，特别要重视农村劳动力结构的重塑，既要把更多高素质群体留在农村，又要吸引更多城市劳动力流向农村，坚持贯彻产业兴旺、生态宜居、乡风文明、治理有效、生活富裕的乡村振兴总要求。

同时，城乡关系调整的过程就是城乡产业结构变迁的过程，即由城乡二元经济结构向城乡一体化演进的过程。长期以来，城乡产业划分边界泾渭分明：农村主要生产农产品，城市主要生产工业品和提供服务产品。进入新发展阶段，我国实施乡村振兴战略，运用多种方式促进城乡融合，以缩小城乡居民收入差距，转变城乡居民的消费结构，同时进一步改变城乡产业体系长期存在的固化形态，推动农业农村现代化。2021年4月通过的《中华人民共和国乡村振兴促进法》强调，"各级人民政府应当坚持以农民为主体，以乡村优势特色资源为依托，支持、促进农村第一、第二、第三产业融合发展，推动建立现代农业产业体系、生产体系和经营体系，推进数字乡村建设，培育新产业、新业态、新模式和新型农业经营主体，促进小农户和现代农业发展有机衔接"。可见，打破城乡产业结构的二元分割界限，丰富农业和农村的业态，坚持共同富裕、质量兴农、绿色发展、文化兴盛、乡村善治，是乡村振兴战略的路径。

此外，长期以来，我国城乡发展不平衡的重要原因在于土地、劳动力和资本等城乡关键要素由乡村向城市"单向流动"，因此，加快城乡融合发展的关键点就是破除阻碍城乡要素自由流动的体制机制障碍，综合运用市场和政策两个杠杆，促进劳动力、资金、产业、技术、管理、数据、信息等要素在城乡之间双向有序流动，为农村发展赋能。对此，应延长农业全产业链，协同城乡需求端和供给端，运用互联网等科技手段改造传统农业，丰富农村产业业态。同时，应鼓励和引导城市资本、社会资本、城市经营管理人才等下乡，尽量在"起跑线"上补齐短板，进而带动人力、财力、物力以及技术、理念、管理等各要素的跟进。

重长远：着眼于阻断贫困的代际传递。以工业化和城镇化为主导的经济发展模式具有"涓滴效应"，长期形成的"中心—外围"二元化地区结构逐渐衍生出落后地区和底层群体。我国长期的经济高速增长成为减贫的主要推动力量，不仅为贫困人口提供了更多的就业机会，增加了他们的收入，也使政府更有能力实施扶贫政策，这是我国打赢脱贫攻坚战、全面建成小康社会的重要因素。从长远来看,贫困地区基础设施和公共服务总体发展水平与全国平均值之间的差距虽然在不断缩小,但相对不足的状况依然存在。城乡基本公共产品配置不均等仍较为突出,这也成为贯彻落实共享发展理念、实现高质量发展的一个制约因素。未来,城乡融合工作的重点之一就是加快推进城乡基本公共服务均等化,改善公共产品在城乡间的不平衡配置。特别是随着信息化的不断发展,"信息鸿沟"大大限制了相对贫困人口和地区的发展空间,使得信息化所带来的新业态和新红利难以辐射到所有群体。

因此,为改善相对贫困地区和低收入人群的社会资源禀赋不足,世界上越来越多国家的社会救助政策着眼于受助者的长期发展,重视对相对贫困者及其下一代的赋权和赋能,秉持积极的理念,力求精准施策。从长远来看,社会救助应该更加注重提升受助者的自我造血能力,不仅要帮助受助者应对当前的困难,更要积极地帮助其摆脱贫困的观念,赋予其融入社会和争取资源的能力和权利。对有一定劳动能力或具有恢复潜能的困难群体,要更多地从贫困的根源上解决问题,从能力提升、动机激励和代际贫困阻断三个方面入手。能力提升方面包括身体健康水平提升、知识技能提升和社会交往能力提升,这分别对应健康服务、技能培训和社会资本建设,需要通过更好的医疗救助、就业救助和社会工作介入而达成目标。动机激励主要是通过社会工作专业服务激发其内生动力。贫困代际阻断是反贫困的重要目标,主要是通过相关帮扶工作,防止或降低儿童受到贫困的负面影响。对于儿童,作为易受社会和家庭环境影响的特殊群体,一方面要从其所处的家庭入手,通过适当的补贴或为家长提供就业机会塑造积极的家庭氛围,另一方面还需要进一步加强对于儿童的直接救助,通过减免学杂费、提供教育机会等方式使困难家庭的儿童能够更加平等地接受各级各类教育。

参考文献

[1] 叶兴庆. 在畅通国内大循环中推进城乡双向开放 [J]. 中国农村经济, 2020(11).

[2] 习近平. 在经济社会领域专家座谈会上的讲话 [N]. 人民日报, 2020-08-25.

[3] 刘伟. 以新发展格局重塑我国经济新优势 [N]. 经济日报, 2020-09-24.

[4] 毕吉耀, 张哲人. 以畅通国民经济循环为主构建新发展格局 [N]. 经济日报, 2020-09-17.

[5] 森. 以自由看待发展 [M]. 任赜, 于真, 译. 北京: 中国人民大学出版社, 2002.

[6] 关信平. 当前我国城市贫困的新特点及社会救助改革的新方向 [J]. 社会科学辑刊, 2019(04).

[7] 2020年中国人均消费支出: 城镇居民27007元, 农民13713元 [N/OL]. (2021-01-18). 中国经济网.

[8] 习近平. 决胜全面建成小康社会 夺取新时代中国特色社会主义伟大胜利——在中国共产党第十九次全国代表大会上的报告 [M]. 北京: 人民出版社, 2017.